あの世に持っていくには
もったいない

ここだけの話

野末陳平

青春出版社

まえがき

本書は一見、半ボケ老人の回想記の趣《おもむき》ですが、縦糸が恥多きぼくの半生記雑談、横糸がぼくの交遊録風の人物スケッチになっていて、まぁ軽い読みものという感じになってます。

ぼくは80歳をすぎたころから、

「人生は運とコネだ」

周囲と自分を見て、そう思う時があります。努力や才能はそのあとだ、ということになりそうですが、運とコネをつかむのも努力や才能あってこそ、これも事実ですから、半ボケ老人の独断には説得力がありません。

とはいえ、86年も人間をやってると、飽きもきますし、後悔と未練も残ります。

これがぼくの最後の著作にならないことを願いつつ――。

平成30年正月

著者

まえがき　3

一章　TV作家時代、出たとこ勝負の十年を彩る人物たち　7

この章の主な登場人物（敬称略：だいたい出てくる順に）
乙羽信子／フランキー堺／町田仁／市村俊幸／江木俊夫／三田佳子／森繁久彌／千秋実／永六輔／野坂昭如／青島幸男／丹波哲郎／古今亭志ん朝／伴淳三郎／桂歌丸／渥美清

二章　学生時代は軽演劇のトリコで大迷走　49

この章の主な登場人物
シミキン（清水金一）／森繁久彌／楠トシエ／由利徹／三崎千恵子／明日待子／伊馬春部／斎藤豊吉／小沢不二夫

三章　書く・しゃべるの二足のわらじ、もまた愉し　81
この章の主な登場人物
永六輔／青島幸男／みのもんた／野坂昭如／高田文夫／立川談志／立川志らら／立川らく次／秋山仁／中村吉右衛門／津川雅彦／長門裕之／カルーセル麻紀／福富太郎／梅沢富美男／三宅裕司／三谷幸喜／立川志らく／清水ミチコ／宮藤官九郎

四章　永田町あの人この人、風雲録　141
この章の主な登場人物
河野謙三／中曽根康弘／竹下登／村山富市／青島幸男／海江田万里／早坂茂三／今東光／二階堂進／小池百合子／塩川正十郎／本田宗一郎

五章　余生は立川談志中心で気ままに生きる　185
この章の主な登場人物
立川談志／古今亭志ん朝／三遊亭円楽／林家三平／桂米丸／桂竹丸／吉川潮／三遊亭円歌／吉村作治／立川志の輔／立川談春／立川志らく／立川晴の輔／立川志らら／立川らく次／春風亭一之輔／笑福亭鶴瓶／タモリ

本文DTP　ハッシィ
写真提供　毎日新聞社
文藝春秋
著者

一章

TV作家時代、出たとこ勝負の十年を彩る人物たち

ぼくがマスコミを騒がせる小事件を起こしたのは昭和38年ごろ、早稲田大学を卒業してかなりの年数が経っていたと思いますが、日本テレビで、乙羽信子主演の『ママちょっと来て』の脚本を担当していた、今は昔のまだ血気壮《さか》んな（?）ころでしたね。

マスコミ生活のスタートは、昭和33年10月フランキー堺主演の単発30分コメディ。そして翌34年からは『ママちょっと来て』、同じく日曜日の、こちらは午前中に日本テレビで、市村俊幸（ブーちゃん）主演の『パパ起きて頂だい』というホームコメディも、交代執筆ながら始まって、ぼくはデビュー一年そこそこで、20代後半から30代にかけ、若手のホームドラマ作家という幸運に恵まれたのです。

「こんな順調に（劇作家志望の）ユメが叶っていいのか」

と自省する間《ま》もあればこそ、当時のテレビ界は草創期ゆえ、人手不足人材不足だったんでしょうね。ぼくはその後、しばらく売れっ子で、フジ、NETテレビ（今はテレビ朝日）、TBSなどにも脚本を提供し、かなり浮かれ調子でホイホイ楽しく書きまくっていたものですが、昭和38年にマスコミを大喜びさせる大バカな筆禍《ひっか》事件をおこし、これが番組をまきこむ騒動へと発展してしまい、やむなくぼくはテレビ作家を一時やめ、一念発起（？）というのは大げさですが、東南アジアの各地を逃げまわる、いや遊びまくる始末でした。

「筆禍事件のことは週刊誌で読んだよ」

という読者もいるでしょうが、

「得意の絶頂に、思わぬ落し穴あり」

この実感を強く抱いたものの、その元凶が乙羽信子さんであるかのごとく伝えられたのはいくらか事実誤認で、それは追い追い書くとして、まずはテレビ第一作目のフランキー堺さん主演時の、恥ずかしい思い出話から始めましょう。

これは強烈でしたよ。それまでのぼくはストリップ劇場のコント台本や一幕もののエロ喜劇しか書いたことがないズブの素人みたいなものですから、いきなり日曜夜七時からのゴールデンタイムは重荷にきまってます。

当時はいまのよみうりホールの横に、読売テレビホールとかいう公開放送専用のスタジオがあり、観客を入れて主にナマ放送を日本テレビではやっていました。フランキー堺さんの番組は「味の素・家庭劇場」という枠の第1回で、急きょ決定した電通とスポンサー主導の公開喜劇でしたから、準備期間があまりにも短かい。いわば拙速《せっそく》に近い形でのスタート。たまたまコネでぼくが起用されたと思うのですが、電通のラ・テ局のプロデューサー町田仁《じん》さんの企画意図は、

「原作者はムーランの有名作家の名を借りるが、脚本は野末君のほぼオリジナルでいこう。狙いは、お茶の間軽演劇の復活だよ」

そういわれてぼくは棚からボタ餅風の幸運に舞い上がってしまい、無我夢中で粗っぽい台本を一晩で書きあげ、悪いところはプロデューサーが直してくれるだろう、稽古で是正されるだろう、と甘く考えて日本テレビの稽古場に、恐る恐る顔を出し片隅で様子を窺《うかが》っていました。

案の定、フランキー堺さんがいきなりディレクターに注文をつけました。

「ムダなセリフが多すぎる。誰が書いたの?」

この声はぼくの耳まで届き、穴があれば入りたい。勿論《もちろん》、名乗りでる度胸なんて

なくて、隅っこに黙って座っていますと、電通の町田さんが、

「新人の脚本ですから、リハしながら、やりいいように直していきましょう」

何とか取りなしてくれたものです。

幸い、人気者フランキー堺さんの好演で、本番の放送が終了し、ぼくはホッとしたものの、「次はもうダメだな」とクビを覚悟。この番組は電通ラ・テ局の制作で、日本テレビは演出放映するだけの制作形態だったせいもあり、ぼくのクビは次週にもつながりました。

「来週はエノケン（榎本健一）さん、次が有島一郎さん、ミヤコ蝶々さん、千葉信男さん、みんな一幕物だ。場面転換なしの方が演出しやすいと思うよ」

という電通側の方針のもと、ぼくは二作目のエノケン主演『あべこべ物語』という脚本を書くことになり、これもどうやら乗りきりましたが、ハナからぼくの担当で13回ワンクールという無茶な話だったので、13回分だけは何とか頑張りたい、と覚悟をきめて朝から晩まで、番組のことばかり考える日々が続いていました。

とはいえ、脚本が未熟だったことが第一の原因で、視聴率も上がらず、ウラ番組

のKRテレビ（現・TBS）が『月光仮面』だった事情も大きく、日テレの「家庭劇場」は13回で予定通り打ち切りとなりました。

が、妙なものでフランキー堺さんとはこの後も、縁が続くのです。フランキー堺さんは当時、飛ぶ鳥を落す勢いの人気タレントで、かれの「シティ・スリッカーズ」というコミックバンドはよく見ていましたが、番組的にはこの後ごいっしょする機会がなく、長いこと無音《ぶいん》に過ぎていたところ、フランキー堺さんから突然の電話。あれから二十数年がたち、ぼくも40代後半で国会議員だったころと思いますが、

「会って、話がしたい」

というわけで、ぼくは喜んで再会を約し、どこかのホテルでフランキー堺さんにお会いしました。かれは挨拶もそこそこに、

「今度、あなたの後継者になるんです。テレビ朝日の『霊感ヤマカン第六感』あれね、ぼくがあなたのあとの司会やることになって」

これには驚きました。ぼくは当時、大阪朝日放送制作の若手芸人総出演のクイズ番組『霊感ヤマカン第六感』の司会者だったのですが、もう長く続けたし、次の参

議院選挙が近いので、そろそろ誰かと交代させてくれ、と頼んでいたので、その後釜がまさかフランキー堺さんだとは、想像もしていませんでした。

「フランキーさんがやってくれるなら、心強いですよ。実にいい選択ですね」

とぼくは素直によろこび、芸能界の雑談しながら時を過ごしたのですが、流石《さすが》にデビュー作の『日曜先生』の話は出ませんでした。タレントさんは作者の名まえなどいちいち覚えていないのです、ましてや無名作家のたった一本の出演作などは。

ぼくにはそれが救いで、フランキー堺さんと対等に話ができたことを、何よりも光栄と感じたことを思いだしますが、さらにうれしかったのは、

「せっかくいい数字（視聴率）とってる番組だから、あたしがさらに盛り上げますよ」

とフランキー堺さんが抱負を語ってくれたこと。この番組には前途有望な関西の若手芸人が勢揃いなので、ぼくも期待してその後何回か見ました。笑福亭鶴瓶さんなどもここを拠点にさらに売りだした、と聞いています。

話をもとに戻しますと、電通制作の「家庭劇場」が終了し、「おれの幸運もこれまでか」と思ってたところ、何と日本テレビから思わぬいい話が舞いこみました。

昭和34年1月から、市村俊幸主演のホームコメディ『パパ起きて頂だい』を書くことになり、これは日曜朝10時半からの放映でやっぱりナマ。浜町スタジオというところで作るのですが、共演者がママ寺島信子、そして子役が六歳の江木俊夫、おとなりのおねえさんが三田佳子という、今から思えば豪華な顔ぶれです。当時は地味な30分コメディでしたが。

市村ブーちゃんはジャズピアノの名手だし、役柄のほうは人物のよさでほんわかとした味がウリで、パパ役にふさわしかったのですが、なんといってもこの番組のウリは天才子役といわれた江木俊夫さん。まだ五、六歳でしたが、ぼくはかれを中心にストーリーを展開させたものです。

のちにこの江木俊夫さんがフォーリーブスでブレークしようとは想像もしませんから、

「こいつもオトナになったら、ただの奴かな」

と思ってました。三田佳子さんといえば、この番組では高校生の役で、ほんとに地味な子でしたが、リハーサルの余暇時間はスタジオの片隅で教科書をひろげ、受験勉強している姿を何度も見かけました。彼女がのちに大女優になるなんて、ぼくは考えもしませんでした。

乙羽信子主演の人気ドラマ『ママちょっと来て』が始まったのは昭和34年7月から。はじめは三菱石油の提供、続いて資生堂の提供となりましたが、日曜夜7時からの30分ホームドラマ、ウラ番組の『月光仮面』で負けたぼくにとっては、絶好のリベンジの機会でした。

うまいことに視聴率もとれ、徐々に人気番組になっていったから、ぼくは何とか一人前のテレビ作家と認められた錯覚におちいり、

「これで当分食えるぞ、遊べるぞ」

と確信してしまいました。順風満帆の人生が長く続いたら、人生おもしろくありませんよね。『ママちょっと来て』がスタートしてわずか3年そこそこで、ぼくは事件の張本人になるのです。

「パパとママ、子ども三人の標準家庭だから、ママ主導型の家庭にしよう。乙羽さんのやさしい温《ぬく》もりが番組の骨になる」

という制作者の方針がたまたま当たったのか、昭和35年にはカラー化（それまでは白黒画面）され、3年目を迎えた昭和36年6月には、評判ドラマの公開録画として新宿の厚生年金会館で喝采を浴び、この舞台には森繁久彌さんや浪花千栄子さんまでが飛び入り出演し、ぼくも大いに面目をほどこしました。

圧巻は、昭和37年の5月、大阪市婦人団体協議会の「町を明るく美しくする運動」の一環として、この『ママちょっと来て』が「子どもに見せたい、よいテレビ番組」として推せんを受けたこと。

ここでも出演者一同が勢揃いして、公開録画をお見せしたあと、何とぼくまでが花束を贈呈される展開に、

「今まで苦労した甲斐があったね、陳平チャン」

とプロデューサー兼ディレクターの間部耕苹《まなべこうへい》さん（故人。元日本テレビ会長）が舞台上からぼくに笑いかけ、当時のぼくは黒メガネでしたが、まったく同感で、

「おれの書いてる脚本は、ほんとに面白いドラマなんだ。もっと自信持たなきゃ」

と正直思ったものです。

でも若いころの自信ってのは、時として思わぬ暴走もするんですよね。思えばここらがぼくの20代最後における絶頂期で、30歳の声を聞くころには、それまでの不満と傲《おご》りがいっきょに噴出し、とんでもない方向へと発展します。

『ママちょっと来て』のポスター

キッカケは乙羽信子さんといえるかも。

乙羽さんはテレビの人ではなく、映画スターです。もとより大スターですからスタッフの誰もが気をつかい、ぼくなど彼女に気にいられたい一心でずい分ゴマをすり、ママにいいセリフをつけ彼女の見せ場をいろいろ工夫したものです、脚本上で。

ところが当時のテレビ界というのは、映画人からかなり格下に見られていた新興の媒体で、

「映画俳優はテレビに出ること罷《まか》りならん」

という五社協定なるものが存在し、東宝や松竹、東映、日活の俳優を借りるには三拝九拝の上、金銭の負担もあった、こんなウソみたいな縛りの強い時代でした。

「テレビ？　あんなのは電気紙芝居だ」

とうそぶく映画俳優もいて、映画スターをテレビに出演させるにはけっこうウラ事情が大変で、ハードルが高かったのです。

乙羽さんはおもに新藤兼人監督の映画に出ていましたが、新藤作品の撮影に入ると、もうスケジュールが二転三転、映画進行のあおりを受けて、テレビの収録、ナマ放送、その他もろもろが大打撃を受けてしまうのです。

「来週は、乙羽出れませんので、よろしく」

と言われてもママなしのドラマは成りたたないので、乙羽さんだけ稽古なしのぶっつけ本番入りで一場面のみ顔を出す、こんな脚本をぼくは何度か書きました。

でもこんなのは序の口。日曜のナマ本番は撮影日程がつまっていて無理なので、「撮影現場までロケにきてくれ」ついては台本の書き直し、てなこともしばしば。

そういう話が水曜とか木曜に飛びこんでくるわけですから、日曜のナマ本番までにどうやって脚本を直したらいいのか、乙羽信子さんの都合にあわせて、あわてて徹夜で書き直し、人気ドラマだけに手抜きはできませんから、ぼくはもう必死で、レギュラー作家の立場をうらめしく思ったものです。

「たまにはママ抜きでやったら、どう?」

と提案すると、プロデューサーの間部さんが、

「いや、本人が出る気満々でね、主役の責任感っていうのかな、出番を少なくセリフも少なく、稽古なしでやってくれ、という注文だよ。でないと、映画の撮影が順調にいかない、ってわけだ」

ぼくも事情がわかってますから、

「しょうがねえな。おれたちが犠牲になって本番をまるく収めるしかないのか」

こうして乙羽さんの都合に最大限の配慮をし、綱渡りの本番当日を迎えることが一時は常態化していました。

「新藤さんの映画が終わるまでは忍の一字だよ。その代り、新藤さんにも一本書いてもらう」

これがプロデューサーの苦しい本音。

「だけど、おれたちの迷惑もハンパじゃないよ。たまには、今回はムリです、とこっちから蹴ってみたら、どうなの？」

「陳平チャン、我慢してくれよ。そんな強気に出たら、乙羽さんのジャーマネから、じゃ、降ります、なんて言われるぞ」

しょせんは裏方どうしのグチ。ぼくは目に見えぬ映画という天敵にふりまわされ、乙羽信子さん側の注文通りに脚本を間にあわせました。いわば『ママちょっと来て』の座付き作者という思いこみがありましたから。

「乙羽の都合ばかり優先するなよ」

と横槍をいれたのが、パパ役の千秋実さん。この人は男気のある好漢で、ぼくは日劇（今はマリオン・阪急百貨店）の五階にあった日劇小劇場で上演された菊田一夫作の『堕胎医《だたいい》』を学生時代に見ていた想い出があり、すっかり千秋実に心酔していましたが、千秋さんいわく、

「おれはテレビの都合にあわせて撮影スケジュールを変更してもらってるんだ。乙羽の言い分が通るなら、おれもたまにはラクしたい」

これも一理あって、千秋さんは東映の京都撮影所の仕事が多かったのです。でも乙羽さんの撮影は新藤監督の作品で主役ですから、とんでもない離島とか広島、九州とかでロケがあり、簡単に東京のスタジオと往復できません。番組スタッフが嘆くには、

「こっちのロケも大変なんですよ。映画撮影の合間を縫って乙羽さんの時間をもらい、こまぎれの撮影しかやらせてもらえないんですから、非効率きわまりない。映画人は威張っていて、テレビのわれわれをガキ扱いですから」

これが当時のテレビと映画の格差で、現代では考えられませんけどね。

乙羽さんも気をつかってくれ、ある日、主要スタッフを料理屋に招待してくれました。乙羽さんはその時ボクを評して、

「もっと独自色（オリジナリティ）を出してもいいわね。たまにはホームドラマの枠を破るようなものがあってもいいと思うけど」

この忠言はまさにその通りで、ぼくは痛いところを突かれました。

でもそのあとで、

「ところで脚本《ほん》のギャラは一本いくら？」

当時サラリーマンの平均月収が一万円そこそこだったので、ぼくは率直に、

「一本一万五千円」

と答えたところ、

「安いわね。それじゃ、（いい脚本は）無理か」

とわけのわからぬ言葉を口にしてその話はそこで終わりましたが、その時ぼくは思いましたよ、自分はワンシーンのロケだけで何十万の出演料もらってるのに、って。

千秋さんにはこういう僻《ひが》みは持ちませんでした。なにしろ月に一度は、放映終了後に赤坂の高級すし屋に若いスタッフまで連れてごち走してくれるし、銀座のクラブでも遊ばせてくれました。

極めつけは京都招待。撮影の都合で京都ロケをすることになった時ですが、夜、先斗町《ぽんとちょう》にぼくたちは招かれ、生まれてはじめての芸者遊びをさせてもらい、みんな若いから有頂天で、一夜限りの幸福を満喫しました。

「ありがとうございます。一生忘れません」

と全員が頭をさげたものです。

その千秋実さんが晩年、体調をこわし言語不自由になって闘病中と聞かされたのは、ぼくが参議院議員になり、ＴＢＳテレビの朝のワイドショーで対談コーナーを担当していたころだから、もうかなり前の話ですが、ぼくは昔世話になった恩返しに、千秋さんをゲストに招いてくれとスタッフに相談し、千秋さんの体調のいい時をえらんで、出演してもらいました。

千秋実さんは血色もよく、ほとんど回復した感じで言葉もまったく普通でした。ぼくは昔話もまじえ、闘病の苦労なども聞き、あっという間に30分が終わり、千秋さんは上きげんで帰りました。

「まったく問題ないじゃないの。普通にしゃべれて、視聴者からもいい反響の電話があったよ」

とスタッフも一安心してましたが、あとで聞いたら、千秋さんも大よろこびで家族に一言。

「どうだ、あのおしゃべりのチンペイを言い負かしてやったぞ」

これ聞いてぼくは大笑い。『ママちょっと来て』の時代と少しも変らぬ千秋流のセリフでした。

こうして表面上は、人気ドラマ『ママちょっと来て』は順調に続くのですが、あい変らず乙羽信子さんの映画スケジュール中心、テレビはワキの片手間仕事みたいな感じが続く。脚本の直前書き直しをやらされる度にぼくの不満はうっ積するものの、吐け口がありません。まさか乙羽さんの悪口は言えないし、彼女のマネージャーさんにも世話になってるから、ぼくの担当週をへらして他局の仕事をやることで、まずまず無難な時を過ごしていました。

それがある日、ついに例の筆禍事件を引きおこすことになるのです、旧友との再会がキッカケで。

実は早大時代の同窓生が「日本読書新聞」の編集部にいて、

「テレビの裏話書いてくれないか」

この依頼は渡りに舟。ぼくは二つ返事で引き受け、「誰でもテレビ作家になれる」という一文を草し、その中で、テレビ作家になるには五つのコツが必要と断じました。

1、人気タレントのヒモになれ

2、ディレクターのたいこ持ちになれ

3、なんでも屋になれ

4、厚顔無恥《こうがんむち》の根性を持て

5、タレントのご用聞きになれ

この五箇条、今にして思えば洒落《しゃれ》のきかない三流の逆説でお笑いものですが、これを書いた時の心境としては、

「日本読書新聞はインテリが読む新聞で、大マスコミじゃないから、反響や抗議は少ないだろう」

とタカをくくっていたわけで、

「放送作家ってのは、しがない浮草稼業だよ。若い人が憧れる程のものじゃない」

このレベルの雑談だから、テレビ界は無視するだろう、と気にも留めていませんでした。

が、火つけ役は週刊誌でした。「週刊文春」と「週刊新潮」がこれを記事にしたのです。

「テレビライターの筆禍事件。こんな作者の脚本にはもう出ません、と乙羽さん」（週刊新潮）

いやどうも、乙羽さんは何の取材も受けてないのに、こうなってしまうところが

週刊誌の読者サービス？　これですめば問題なかったのですが、ぼくの事件には前段があって、作家の柴田錬三郎氏が永六輔を名指しで、

「あんなのはテレビの寄生虫だ」

と放言、これに対して永六輔さんが、

「ハイ、その通りです」

と軽く答えたことで、正統派の放送作家たちから憤懣《ふんまん》の声が上がっていました。

「きちんと受けて立って反論しなければ、放送作家全体が情けない存在になる。永ちゃんは一番の売れっ子なんだ。ここで筋を通してくれないと、作家協会の品位を落とす一方じゃないか」

そこへ輪をかけるように、ぼくは「日本読書新聞」の寄稿から少しの間を置いて、三一《さんいち》書房から『テレビ稼業入門』という、テレビ番組のウラ話を中心にしたバクロ本を出版したことが重なり、筆禍事件のボヤが大火事になってしまうという、不本意で奇妙な展開になってしまったのです。

なぜ、あのお堅い三一書房がぼくの軽い読みものを世に出したかといえば、直前

にヒット作が生まれていたからです。それが、

立川談志著『現代落語論』

これが評判で売れたため、三一書房が二匹目のどじょうを狙ってぼくに目をつけた。またもやホイきたと餌《えさ》に食いついたぼくが、思いつきで単行本一冊をヒマつぶしででっちあげた、事の成りゆきはこういうことなんです。

これが日本放送作家協会の先生がたを激怒させることになろうとは、夢にも思いませんでした。

それは翌年の昭和38年春だと思いますが、日本放送作家協会の緊急理事会が開かれ、野坂昭如とぼくがその席に、事情聴取の名目で呼びだされたのです。他に、永六輔、前田武彦、青島幸男、城悠輔らにも声がかかったのですが、四人とも欠席。のちに〝軽薄六人衆〟と週刊誌で茶化された六人のうち、結局、槍玉にあがった主役は、野坂とぼくでした。

ぼくたちはなにを隠そう、二人とも黒メガネのラフスタイル。十六人のそうそう

たる理事の先輩作家が背広姿で居並ぶ中、まず理事側が二台のテープレコーダーを用意します。ぼくたち被告も負けずにテープを持ちこみ、大林清理事長の開会挨拶の最中に、野坂昭如がテープのボタンを押しました。

ところが何と、途端に流れてきたのが、なやましげな女の色っぽい声で、

「あら、今晩は……」

満場爆笑。録音とプレーのボタンを野坂が押しまちがえたんですが、消し忘れていたエロテープの声がいきなり出ちゃ、ぼくたちに勝ち味はありません。

ぼくの『テレビ稼業入門』の内容は読むに耐えない、知性のかけらもない、軽《けい》佻浮薄《ちょうふはく》だ、とさんざんな酷評を浴び、事情聴取とは名ばかりの緊急理事会で、即座に出された結論がこれ。

「両名の退会を勧告し、聞きいれられぬ場合は除名する」

まさかのてん末に、野坂もぼくも、

「納得できない。これを機に放送作家のあり方を検討してもっとわれわれの地位を高めよう」

正論らしきことを言ってみたが、お偉がたの態度は変らず、この緊急理事会はお開きになった。週刊誌風にいえば、こんな見出し。

「よくいえば紳士的、悪くいえば陰険老獪《いんけんろうかい》なやり方」で幕引きとなりました。

「バカな。あんな生けるユウレイの集まりに会費払っていられるか」

と野坂はぶんむくれ。ぼくも同意見でしたから、週刊誌受けのセリフを用意して、

「協会にいても何の恩恵もないから退会します。これから協会への会費は、飼ってるガチャ坊（サル）のバナナ代にします」

両人の脱会宣言はとうぜんのように、「週刊文春」が四ページの記事にしてくれた。

「縁切り状を叩きつけた黒メガネ二人」というもので、それが更《さら》に波紋を広げ、北条誠さんや八住利雄氏らの脱会を誘発し、放送作家協会は危機に直面することになるのですが、それらはもう脱会したぼくの関知しないところ。

「これでまた話題になる。悪名もまた良きかな」

と当時のぼくは、負け惜しみもふくめてすべてに楽観的でした。

その背景はあります。なぜかその当時、ぼくの著書『３時間だけ楽しむ本』が青春出版社から出版され大ヒット。これは新幹線が開通し、
「東京大阪間が３時間」
という触れこみに便乗したお笑いの雑文集でしたが、テレビの世界でも、『ママちょっと来て』の他に、フジテレビでは、
天知茂、田中邦衛の『紳士淑女協定』他や、
守屋浩、渥美清の『大学は花ざかり』
をＮＥＴテレビ（現・テレビ朝日）で毎週書いていたので、仕事には困らず、この程度の筆禍事件で落ちこむ状況ではないせいか、一面、若気の至りで強気だったのかも知れません。
それがある日、日本テレビの阿木翁助制作局長から突然言われたのが、
「陳平クン、うちだけは降りた方がいいよ。乙羽事件のこともあるし」
阿木局長にはかつてムーランルージュ研究で一方《ひとかた》ならぬお世話になってますから逆らえません。

そしてプロデューサーの間部耕苹さんも、

「陳平チャン、しばらく休もう。どうせママも、もうじき終わるから、次を考えよう」

こうなるとぼくの負けです。日本テレビだけやめて他局を続けるのも業界的にカッコ悪い、何よりも、「あいつは主役の乙羽信子をしくじって、番組おろされた」と陰口いわれるのはシャクですから、ここでぼくは思い切って雲隠れし、一時的に地下にもぐろう、つまりマスコミから逃げる、という奇策を思いつきました。

挫折感を少しは和らげる目的もあったと思います。

それが東南アジアへの出たとこ勝負のオバカ旅行です。

その頃はまだ海外旅行が自由化されておらず、それだけに海外旅行は魅力がありました。もちろん非合法で奥の手を使う必要があったのですが……。

飛びこんだ旅行社が簡単に便宜をはかってくれました。ビジネスマンとして東南アジアに出張営業するという大義名分で、ウラで渡航証明書を出してくれる、これが一通五万円の手数料。

当時としては高いもので、渡航費用も今のように格安航空もなくダンピングなどもありませんから、正規運賃（？）で数十万円かかりました。マニラから香港、バンコク、シンガポール、ジャカルタ、サイゴンなどを経由する約1か月の日程です。

「今日からもう、オレはテレビ作家じゃない。ライターのセールスマンだ」

てなわけで、表向きは安いライターを東南アジアの商店にセールスする。でも、それだけじゃ面白くないので、ワコールの知人から、当時流行のウィークリーパンティを数十セット提供してもらい、ライターとパンティのいわば行商人に化けて、初の東南アジア旅行にさっそうと出かけた、という次第なんです。


ここで東南ア珍談旅行ネタにはいる前に、乙羽信子さんとの後日談にふれておきます。といっても、仕事などで乙羽さんと再びごいっしょしたという話ではありません。

ぼくが乙羽さんと再会（？）したのは、新藤兼人監督の映画『濹東奇譚《ぼくとうきたん》』です。あの事件から数十年後、ぼくはもうテレビ作家の足を洗っていましたが、永井荷風が大好きだったので、新藤監督作品の『濹東奇譚』を見る気になったのです。これが実に、ぼくがしびれる名作で、映画館だけでは物たりず、のちにＤＶＤにとりこんで、これまで十回以上もくり返し見て楽しませてもらってます。

この作品における乙羽信子さんが、何ともいえぬ大きな存在感なんですね。戦前の遊郭・玉の井の店を仕切る女将の役なんですが、名演技といっていいでしょう、流石に新藤兼人作品だ、乙羽信子の別の一面を引きだした、と感心してしまいました。

永井荷風の『濹東奇譚』はこれ以前にも、山本富士子主演の東京映画作品で東宝系が封切りしていましたが、これは荷風の原作に忠実すぎる展開でしたし、山本富士子がきれいすぎて、とても玉の井の娼婦に見えない。

山本富士子だから当然脱ぐシーンもなく、まったく色っぽさのない内容だったので、大して評判にもなりませんでした。最近、池袋の新文芸坐でまた見ましたが、つまらなかった、古めかしくて。

新藤作品は、根本的にちがいます。原作を追ってる部分もありますが、主人公を永井荷風その人の半生に定め、荷風の『断腸亭日乗』をも参考にして、いわば荷風一代記のような趣で映画化されていました。

その荷風役が津川雅彦です。相手役のお雪が墨田ユキ。そして乙羽信子が玉の井の店を仕切る女経営者としてデンと構える。あの杉村春子も、荷風の母親役で出演していました。

「これぞ、荷風の生きざまだ。何回見ても、あきない」

と惚れこんだぼくは、ヒマな時間、未だに年に何回かＤＶＤで見てますが、その度に思うのは、ややゴマスリの感もありますが、

「乙羽信子はスゴイ。テレビで『ママちょっと来て』をやってた時とは、別人のようだ。これが演技力というものか。やっぱり彼女は名優だ」

と、昔を忘れて感心しきりで、この『濹東奇譚』との出会いに感謝したものです。

「あの作品はよく出来てる。荷風を主人公にした映画はほかにないからね。あの映画はなぜかこころを癒《いや》してくれる」

と友人もぼくに同感してくれます。

「それより、若いころオレがトラブった乙羽信子さんとこういう形でめぐり会うのも、何かの因縁だよ。あの時、率直にオレもあやまっておけばよかった」

「それとこれは話がちがうだろう？　映画は金払って見ればいい。俳優たちはプロだ、おれたちは観客にすぎない」

友人とぼくは意味のない会話を交わしたことがありますが、新藤兼人監督作品の『濹東奇譚』、ぼくは恐らく死ぬまでにまだ何回か見ることになると思います。

東南アジア七カ国の首都めぐりは、新鮮な体験でした。おもに現地の中国人と知りあいになりましたが、何よりも大きな収穫は国際俳優として超一流の名が高い、あの丹波哲郎さんと偶然に、マレーシアのクアラルンプールでお会いしたことに尽きるでしょう。

丹波さんはその頃、『第三の道』という日本ではあまり知られていないアメリカ映画のロケ中で、超一流ホテルに滞在していました。ぼくはまったく面識がないので、面会のキッカケがありません。

「ロケのない日はホテルで寛《くつ》ろいでるらしい」

と聞きこんだぼくは、彼の泊まってるホテルを片っぱしからさがし、突きとめたものの、そういう経験がないので面会の仕方がわかりません。あの大スターが無名のオレに会ってくれるはずがない、という思いこみが先に立ち、いったんはあきらめかけましたが、公園でハンバーガーを食べながらあれこれ思案中、ふと思いついたのが、

「今はオレ、世を忍ぶセールスマンだけど、マスコミにコネがあるんだ。新聞記者のつもりでインタビューを申しこんでみよう」

せっぱつまると、知恵が出るものです。この手は後年、サンフランシスコ・ジャイアンツに、日本人大リーガー第一号として加入した、マッシーこと村上雅則投手に面会する時にも使いました。

フロントで、

「日本から取材にきた」

といえば、どんなうるさい人も懐かしがって当時は許可してくれたものです。

マッシーに面会し、大リーグの内情を取材したあと、かれを歓迎する日本人会のパーティーにも同席させてもらい、その記事はもちろん日本にも送りましたが、これを縁に村上選手にチンペイの名を覚えてもらったものです。

丹波哲郎さんは実に大らかな人で、ホテルのフロントから電話でマネージャーに、ぼくが下手な英語で取材の意図を伝えますと、何と丹波哲郎さんご本人が電話口に出たんです。

「おう、読売新聞か。日本からは誰も来てくれなくて退屈してたんだ。いまレッスン中だから、1時間、部屋で待っててくれれば、自由時間になる」

ざっとこんな趣旨でぼくの入室を許可してくれました。驚いたのはぼくで、こんなにもインタビューが簡単だとは思いませんでしたから、

「マスコミの威力はスゴイ。使ってよかった」

などと見当違いの感動もまじえ、恐る恐るクアラルンプールの高級ホテルの最上階まで足を運びました。

だだっ広い部屋の一隅で、たしかに丹波さんは大ぜいのスタッフに囲まれ、教師

らしい女性からアクセント中心に指導されてる様子でした。何回やり直しを食っても丹波さんは笑いながらセリフをくり返し、やっとＯＫが出て解放されると、ぼくの待ってる所へ来て、

「待たせたな。コーヒーでものむ？」

こんな気さくな調子で、なにも聞かないうちから面白い話をし始めたのです。アメリカのロケがいかに大掛りなものか、出演者をいかにだいじにするか、ここではオレは王様だよ、なんて呵呵大笑《かかたいしょう》したのちに、

「金持ちの国はちがう、と書いてくれよ。オレのいる新東宝なんてのはチャチでシロウトの映画会社だ」

勝手ほうだいにしゃべりまくって時間切れ。

「本作のことはパンフレット渡すから適当にまとめてくれれば文句なしだ」

メモも途中までで、ぼくは呆然たる夢心地。外国人スタッフと飲食してその場を後にしました。英語などしゃべれなくても、わいわい陽気に騒いでれば、仲間にいれてもらえたわけで、この時がぼくの国際的デビュー（？）といっていいでしょう、

酒飲めなくてもジュースで外国人と対等に話ができることを知りました。

それにしてもぼくは新聞記者ではなく、身分はライターとパンティのセールスマンです。ノルマはないけど、目的のひとつは宣伝販売なので飲食店や女性用品売り場に出入りし、サンプルとして商品をバラまき、適当に楽しい海外時間を過ごし、未知なる遭遇をイヤってほど体験して、

「日本を飛び出してきてよかった。日本以外にも生きていける場所がある」

とまで一時は思ったのですが、やはりそこは器の小さい了見《りょうけん》のせまい日本人なんですね、一カ月後には日本に舞い戻って、またテレビや著作の仕事をやることになってしまいます。

が、幸運なことに或《あ》るバラエティ番組で、あの丹波哲郎さんに再会したのです。これも偶然で、スタジオで見かけるまで気がつかなかった。ぼくはうれしさのあまり、丹波さんのもとへ駆け寄りまして、

「あの時はほんとにありがとうございました」

と昔話にふれるつもりでいたのですが、丹波さんはインタビューなんて当り前な

丹波哲郎さんとTBSテレビで対談

のか、その時のことには少しもふれず、まるで忘れていたのかもしれませんが、

「また会える、縁がある、と思っていた。あんたはあのままで終るわけがない」

あれ、そんな話したかな、と思いましたが、これが丹波流の人たらし術というか、何ともいえぬ不思議な魅力であって、その後、何回かぼくは丹波さんと共演し、対談もしましたが、まさかこの縁が『大霊界』にまで発展するとは思ってもみませんでした。

数年を経ずして、いつの間にか丹波哲郎さんが大霊界の伝道師になっていようとは？　かれの講演会は新宿コマ劇場を満パイにし、マスコミには一時、大霊界ブームのようなものまで起こりましたが、丹波さんは俳優としても売れっ子で、テレビのヒット番組も多くありましたから、大霊界の伝道師役にはまってしまったのは、むしろぼくの方でした。

「ぼくの生涯はどうなりますか?」

とある席で質問しますと、丹波さんはにこりともせず冷徹な声で答えます。

「いずれ、大霊界に行く。わたしはいないが、あんたの面倒はすでに頼んである」

ぼくがさらに聞くと、とんでもない返答があって未だにぼくはこの発想から抜けられません。

それは飼っていた愛猿のことで、ガチャ坊とキーコという二匹ですが、かれらが死んでからぼくは猿の縫いぐるみや人形ばかり、百体以上も集め部屋に飾ってあるのです。その猿のことが丹波さんの口から出たから、まさにサプライズ。

「あんたはサルをかわいがっている、と前に言ったね。あのサルが二匹、大霊界の入り口であんたを案内するために待ち構えている、カゴを用意してな」

何ですか、これは。おサルのカゴヤの話じゃないか、と笑うなかれ。丹波さんか

ら発信されるご託宣《たくせん》は、ぼくを身震いさせました。ぼくが一瞬、目を丸くして丹波伝道師の顔を見つめると、

「だから安心して、好きなことやればいい」

ぼくは思わず笑ってしまいましたよ。

「冗談にしても面白い発想ですね」

「わたしは大霊界の伝道師だよ」

という決めゼリフの響きに、ぼくは伏し拝むしかありませんでした。これを機に、丹波哲郎さんとぼくのトーク番組を企画した局もありますが、どれもモノになりません。あたり前の成りゆきだと思います。くり返しますが、丹波哲郎さんはそういう神がかり的な、不思議な魅力の人でした。

東南アジア旅行の話に戻ると、帰国後、読売新聞社から『プレイボーイ東南アジアを行く』という拙速本を出しましたが、予想通りまったく売れず、ぼくはどうしようか迷っていたところ、テレビ界ってのはありがたいですね、ぼくが反省の意を

見せると、日本テレビからすぐにお声がかかり、
「半年ぶりにカムバックする野末陳平。これからは本業復帰と自信たっぷり」（週刊新潮）

これが古今亭志ん朝主演の『ちゃっきり金太』です。ぼくにはやっぱりテレビの脚本書きが性にあってるらしく、それからもせっせとテレビ台本を各局に書きましたが、ぼくは俳優たちの演技よりも仕事以外の素顔のほうが好きなんですね、いいイミでそのタレントの人間性が見えて。

いくつかの実例《ネタ》をあげてみましょうか。実にくだらない話なんですが、例えばフジテレビで半年続いたハードボイルドコメディ、

『紳士淑女協定』

これには園井啓介、天知茂、三原葉子などがレギュラー出演していました。

まだ若き日の田中邦衛さんは、銀座のしょぼいチンピラ役だったと思いますが、リハーサル中にも、他局の自らが出演中の番組が終ると、直ちに自宅に電話をかけ、
「どうだった、よかった？　ミスあった？」

と奥さんに批評を求めていた姿が、目に浮かびます。演技一筋の根っからの役者さんなんですね。

同じくフジテレビの公開ナマ中継、『陽気なドライブイン』というお昼の番組は、伴淳三郎（愛称バンジュン）さんが主演でしたが、

「あたしは酒飲めなくてねえ」

と伴淳さん。ぼくも下戸《げこ》だから意気投合して、ふたりで麻布十番のたい焼き屋「浪花家」に行って、甘いもの談議を交わしたものです。

これが縁でのちに日本テレビの『飲めない仲間たち』というトーク番組では、桂歌丸師匠も加えて、伴淳、歌丸、陳平、三人の飲めないダメ男が酒のみを茶化すというトークショーを、なじみの麻布のたい焼き屋で録画したこともありました。

「飲めそうな人が実は飲めない」

これがぼくには面白かった思い出があります。

ＮＥＴテレビ（現・テレビ朝日）の『大学は花ざかり』という番組は、守屋浩さん、渥美清さんの二人が主役の若い人向きの番組でしたが、守屋浩さんは今や大出

世して音楽会社の重鎮と聞きますし、渥美清さんは『男はつらいよ』で映画史にのこる異色の大スターでしょう、時の流れをしみじみと感じますよ、何しろ40年50年も前の昔話ですから。

渥美清さんで思いだすのは、テレビではまだヒット作がなく、浅草の劇場でコメディアンだった印象しかない頃ですが、新宿コマ劇場で誰かの芝居を観劇中に、休憩で場内が明るくなると、突然、客席から立ち上がり、周囲にぐるりと四角い顔を見せ、自分の特徴を指でさして、

「これ、アツミキヨシ。分かる？　この下駄がアツミキヨシよ」

と何回もアピールして客席をキョトンとさせていたシーンが笑えます。まだ無名に近いから、売りこみの仕方がまるでユニークなんですね、渥美流で。

のちに選挙でぼくもその真似をしようと思いましたが、街頭では流石に真似できませんでした、もちろんそういう度胸もなくてマイクで名まえを連呼はしましたけど。

渥美清さんの私生活はまったく知りませんが、かれが東京宝塚劇場に主役級で出

演した際、ポスターなどの名まえの順位扱いが低かったことで、渥美さんが東宝に抗議し、これを芸能界が批判して、「渥美清は自分を何様だと思ってるんだ。まだ格下だ」といった記事まで出たことがあります。

そこでぼくが連載していた週刊誌の劇評欄で大いに渥美清さんをかばったものです。

「かれの主張はとうぜんだ。主役と同じ序列にしろ」

のちにかれとテレビで顔をあわせた時、

「あれは励《はげ》みになった。ありがとう」

とさりげなく感謝されたことがあり、こういうところにも渥美清さんの人柄を感じたのですが、それらの話は長くなるので割愛《かつあい》し、ではここらで、マスコミに出る前の大昔話を思い出してみます。

二章

学生時代は軽演劇のトリコで大迷走

学生時代は特技も趣味もないフツーの学生でしたが、勉強よりも軽演劇を見るのが好きで、ヒマさえあれば、浅草や新宿をほっつき歩いていました。都立西高の2年生の時だったでしょうか、日曜日には浅草六区で映画や芝居を四本掛け持ちで見たこともあります。

戦時中は千葉に住んでいたのですが、何かのキッカケで浅草に遊び、警戒警報中にもかかわらず劇場が客を入れていたので、面白半分に入場したところ、それがシミキン（清水金一）のドタバタ喜劇でした。流石《さすが》に警報中は休憩のまま、解除されると舞台が始まるのですが、演目が今にして思えば懐かしく、

「金ちゃんの姿三四郎」

「金ちゃんの三銃士」

こんな感じで、客席は半分程度の入りながら、シミキンはけっこう笑いをとっていました。

当時からなぜかぼくは劇作家志望の気持ちが強く、シミキンの芝居を見ながら、

「これならオレも書けそうだ」

怖いもの知らずとはこのことですね、高校生姿のままシミキンの出演する劇場の楽屋を訪ね、弟子入り志願をしたのです。役者ではなく、文芸部の助手でしたが、楽屋番のオッさんに、

「切符は表で買いな」

門前払いで冷たくあしらわれるのがオチでした。

当時の浅草六区はにぎやかで、両側に映画館や劇場が建ち並び、今は場外馬券売場になってる名物のひょうたん池があったり、叩き売りのおやじがダミ声はり上げていたり、とても活気がありました。現在《いま》はさびれた感じですが、当時は高校生ならずとも、トリコになってしまう魅力の一画でしたね。

シミキンは清水金一、モリシンは『男はつらいよ』のおいちゃん森川信、キドシンは木戸新太郎というぐあいで、愛称で呼ばれるあたりに大衆人気の秘密があるように思い、大衆演劇こそ演劇の本道だ、とぼくは勝手に信じてしまいました。

早大に入ってからは、仏文科のせいもあり軽演劇を語る友人などは皆無で、堅い新劇を志す連中が演劇部で活動していましたから、ぼくは浮いた存在でした。

早大生として、ムーラン・ルージュ新宿座を観劇してさらに軽演劇が好きになった、その理由は、

「軽演劇ってのは単なるアチャラカやドタバタじゃない。大衆の生活に根ざし大衆の心を描くものだ」

そう思って毎月のように新宿のムーランに通い、浅草のほうにも精勤（？）して、いっぱしの通になった気分で、勉強よりも軽演劇の知識を深めるほうが面白くなってきました。ここがぼくの運命の分かれ道で。

ムーランには森繁久彌も短期間ですが出演し、楠トシエ、由利徹、三崎千恵子などが人気がありました。のちにムーラン研究で知りあった、ムーランを代表するスター明日待子《あしたまつこ》さんは戦後もうムーランを引退し、映画の主役などに出演していました。

あれは仏文科の2年の時でした。早稲田祭に参加すると予算がもらえるというわけで、お金欲しさの欲深学生が集まって、

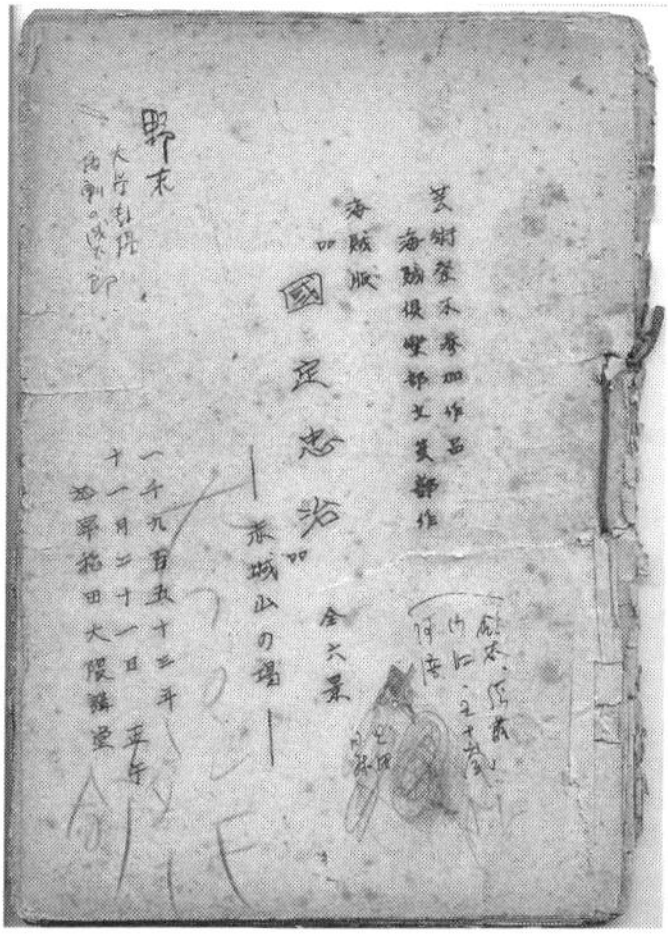

大隈小講堂の前で呼び込み

「軽演劇みたいなものをやれば、稽古しなくても何とかなるさ」

ぼくの提案で、にわか一座十人ばかりが「海賊クラブ」を結成し、大隈講堂で思いつきのヨタ芝居をやることに。

題して『海賊版・国定忠治』

当時世間を騒がせたアメリカの諜報部キャノン機関に対峙して、国定忠治が赤城山に立てこもるという、尤《もっと》もらしくいえば時事諷刺風のパロディ時代劇で、台本はぼくがでっちあげ、何と全六景という長丁場。このあたりの事情は小林信彦さんの著書に次の通り紹介されているので、当時の様子をご想像あれ。

「昭和二十六年から三十年まで、私は、早稲田という大学にいたが、いろいろな劇団のあるなかに、〈海賊クラブ〉という一党がいた。

大隈講堂の地下の小講堂で公演したのだが、これは、二十六年春に消滅した「ムーラン・ルージュ」系軽演劇の灯を都の西北に残そうという、物好きというか、悲壮というか、そういう一団であった。

ちょうど、キャノン機関の行動が問題になっているときで、国定忠治がキャノン一味と戦って挫折《ざせつ》するという諷刺《ふうし》劇をやり、作者の名前は野末陳平といったと記憶する。

野末陳平さんはムーランの研究家だったのである。」

（小林信彦著『日本の喜劇人』より）

初めは大隈講堂で上演（?）したのですが、実さいには思わぬハプニング。早稲田祭に参加の種目が多すぎて各自の持ち時間が超過、おまけにぼくたちの芝居は段取り不足で時間がのび、途中で打ち切りという始末になってしまいました。

「何だい、せっかく笑わせてやったのに」

文句たらたら。座員一同、その夜は大学から支給された金で残念会やりながら、

「こうなったら大隈小講堂でリベンジしよう。今度はホンモノの衣裳を借りて本格的にやるぞ」

意気軒昂、マジに小講堂で単独の再演に踏みきりました。

学生はやることが無茶だから面白い。自前の制作費を寄せあつめ、赤城山の簡単なセットと貸衣裳を揃え、学内に大宣伝して、ついに全六景1時間半の軽演劇を敢行したのです。あの頃を思いだせば、実に懐かしい。

国定忠治を、画家向井潤吉のムスコの向井爽也《そうや》、板割《いたわり》の浅太郎《あさたろう》と進行役の大学教授の二役をぼく、その他、もの好きな面々が勝手なアドリブをまじえて爆笑をとった次第ですが、この時、ウラでBGMのトランペットを吹いていたのがあの神津善《よし》行《ゆき》さんです。

「満員御礼、仏文科二年一同」

なんて掲示を文学部に貼りだし、しばしぼくたちは成功の余韻に酔っていましたが、これに自信をつけたぼくは事もあろうに、

「これなら軽演劇作家でいける」

ヘンに妄想を高め、今度は本格的にシミキン劇団の文芸部に入ろうと決心したのです。

その頃のかれは浅草を去り、松竹大船のシミキン映画で当たりまくっていましたから、ぼくは大船の撮影所を訪ね、シミキンに直接談判して文芸部に採用してもらう腹づもりでした。

ところが撮影所には入れたものの、内部の様子がまったく分からず、シミキン映画撮影中のスタジオ外で待っていたのですが、撮影終了後に現われた清水金一さんは、大ぜいの人に囲まれてそばへも寄れません。

「あのう……」

と取り巻きの一人に声をかけると、

「サインはだめだ。忙しい！」

けんもほろろにどなられた。ぼくはヤクザ風の男のひとにらみで怖気《おじけ》づき、目的を果たすどころか一顧だにしてもらえず、スゴスゴと帰らざるを得ませんでした。

大学2年の冬だったでしょうか。大船からの帰りの電車でぼくは落ちこみ、家へ帰る気もしませんで、そのまま新宿二丁目の赤線地帯にしけこんだのを覚えています。


この日からぼくは目が醒めました。軽演劇はストリップや女剣戟《おんなけんげき》におされて衰退の一途だし、新宿のムーランも劇場閉鎖。軽演劇の残党は民放ラジオに出るか、小劇団をつくってドサまわりをするか、いかんせん軽演劇の生きる道が狭まったわけですから、ぼくの劇作家志望の夢もしぼむしかありません。

ぼくは仏文科をやめ、ほんらい好きだった中国古典を学びたくて、東洋哲学科の3年に転科し、勉学の徒に戻ることにしました。

「しかしこれまで蓄えた軽演劇の知識をこのまま捨てるのは勿体《もったい》ない。なにか生かす道はないだろうか」

中国古典を学びながら思案のすえ、

「そうだ、新宿ムーランの研究でもしよう、どうせヒマだから」

初めは軽い気持ちでしたが、これがのちにぼくをテレビ作家の道へ誘導してくれようとは、その時は思いもしませんでした。

ムーラン・ルージュ新宿座の解散はストリップに客を奪われた面もあるでしょうが、あらたに開始された民放ラジオやテレビの影響なども大きかったでしょう。とはいいながら、軽演劇の灯が消えたわけではなく、例えば空気座の『肉体の門』はバカあたりして全国引っぱりだこの名作（?）で、これは新聞などでは社会現象化の趣すらありました。

年輩の読者にはおなじみ、田村泰次郎原作の『肉体の門』はベストセラーにもなり、これを空気座主宰の小崎《おざき》政房演出、小沢不二夫脚本のコンビで、演技陣が交代しながらも再演に再演を重ね、ぼくも二度ばかり見ました。

新宿ムーランの解散前には、中江良夫脚本が次々とヒットし、東京新聞の劇評で激賞された『にしん場』や『生活の河』など学生やサラリーマン層に大受けした傑作だ、と思います。

そうはいいながら、ストリップの珍企画には敵《かな》いません。浅草の某劇場では、客席の真上に下から見上げる形で鉄橋を渡し、裸の踊り子がそこで踊るなど、学生のぼくなど生ツバをのみこみました。一時はストリップ劇場が浅草に六軒か七軒、新宿に四軒もあったといいますから、その人気たるや推して知るべし。

「こうなると、ムーランはいよいよ正統派の軽演劇として歴史に残さなくてはいけない」

今にして思えば無駄な努力ですが、ぼくはムーランの資料を集め、戦前からムーランを支えてきた文芸部の諸先生と面談し、昭和7年からの上演年表を自前で作ったりもしました。

伊馬春部《いまはるべ》、斎藤豊吉《とよきち》、小沢不二夫など錚々《そうそう》たるムーラン出身の作家たちは、民放ラジオやテレビでも売れっ子だったのに、一円にもならぬムーラン史研究に取りくむぼくのために時間をつくってくれ、有名作家に会ってもらえるだけで、学生のぼくは欣喜《きんき》雀躍《じゃくやく》ともいうべきテンションの高さ。

「日本で唯ひとりのムーラン研究家」という自負から、早大卒業後も時間のある限りは、20年にわたるムーラン上演年表の完成をめざしていました。

ムーランの有名舞台人の名をあげるなら、何といっても明日待子さんでしょう。前にもふれたように、戦前のムーランを代表する大スターですが、彼女の名でムーランは全国的に知られるようになりました。

ぼくは明日待子さんの舞台を直接見てないのですが、平成20年代になってから、田中じゅうこう監督の『ムーランルージュの青春』という映画の試写イベントの際、初めてごいっしょしました。

明日さんはその時、九十歳をこえているのに、札幌から飛行機でおひとりで上京され、試写会のトークに参加されました。

「すごいな。今でも日本舞踊のお師匠さんなんだって？　いや、家元さんですよ」と関係者一同感激しましたが、トークの内容も頭脳明晰で記憶がたしか。ぼくも感嘆してしまいました。

『ムーランルージュの青春』試写会（初日）の舞台挨拶で、明日待子さんと
（Photo by　TATSUYA ISHIKAWA）

戦時下の観客席が、学徒動員を明日に控えた学生たちで埋めつくされていた感動実話などを明日待子さんは話してくれました。

「札幌においでの節は、どうぞお立ち寄り下さい」

とぼくも声をかけてもらい、うれしくなったものです。

明日さんはムーランを辞めてから、終戦後は映画にも何本か主演されていますから、往年の映画スターといってもいい存在ですね。

ムーランの喜劇人では由利徹さんが

いちばん記憶に残っています。テレビ放映開始まもなくの昭和30年代ですね。「脱線トリオ」で一世を風びする人気者になりましたが、戦後のムーランではワキ役で大活躍していました。

じつは由利徹さん、ぼくの叔父と日中戦争時代の戦友で、その縁もあってぼくはたまにムーランの招待券をもらい観劇に行った想い出もあります。由利さんは東北弁の役が得意で、常に客席を湧かしてましたが、ぼく的には、かれの『江差追分』が好きでしたね。

中江良夫作の『にしん場』で、舞台裏の陰歌《かげうた》として由利徹の『江差追分』が哀愁を帯びて流れてくると、ジーンとなるのです。多分これは、かれの十八番《おはこ》の民謡だったとおもいます。じかに一度聞いてみたかったけど、その機会を得ぬまま他界されてしまいました。

「脱線トリオ」は、初期の日本テレビで、「お昼の演芸」として急きょ結成された三人組のお笑いグループで、由利徹、八波《はっぱ》むと志、南利明の名が懐かしく思いだされます。

このトリオ、由利徹の「カックン」というギャグがバカ受けで人気となり、由利徹をして全国的な喜劇役者にのし上げるまでになりました。

ぼくのムーラン研究は、創立時から戦時中までで手いっぱいだったため、戦後ムーランの取材・調査までは手がまわらず、由利徹さんについては観客としてしか接していません。コント脚本を書く機会があったら、とうぜん由利さんを指名していたでしょう。

戦後、昭和20年代のムーラン・ルージュで忘れてならないのは、森繁久彌さんです。森繁さんのムーラン出演は短期間でしたが、満州から引き揚げ後、すぐの頃だったかな、と思います。ここの舞台で初めて、あのモリシゲ節が披露された記憶がありますが、曲名は残念ながら覚えていません。

昭和50年11月発売の森繁久彌著『こぼれ松葉・森繁久彌の五十年』（日本放送出版協会）という書によれば、

「新宿のムーランに入座して、やっとわずかながらも定収入が入ってくるようになって一年、ある日、NHKの堀江史郎という人がやってきた」
これがNHKで、藤山一郎さんと組んだ『愉快な仲間』というラジオ番組を始めるキッカケなんですが、ムーラン時代の森繁さんは、
「いわゆる役者らしくない演技で随所にアドリブを入れて、それが観客に大うけなのである。もうこの人以外に（新番組は）ないと思い、思いきってムーランの楽屋に彼を訪ねたのであった」（堀江史郎、当時NHKディレクター）
参考までに、ムーランにおける森繁久彌さんの代表的な出演作品は、
・中江良夫『にしん場』（昭和23年9月）
・吉田史郎『蛇』（昭和24年4月）
・矢田茂『太陽を射る者』（昭和24年12月）
中でも『太陽を射る者』は芸術祭参加のバラエティ・ショー、いやミュージカルで新宿ムーラン・ルージュとしては初めての画期的な快挙だったせいで、劇場の前にでかでかと、この作品単独のカンバンがれいれいしく飾られ、それに釣られてぼくは入場券を買った記憶があります。

この舞台でもモリシゲ節は披露され、観客をしびれさせました。

ムーランへの思いを語ればキリがないけど、さきに結論をいえば、ムーラン研究は結実せず、ぼくの手書きの上演年表も埋もれたままで終りましたが、東洋哲学科の学生としては無事に卒業に漕ぎつけました。

しかしです、実は卒業しても就職先がない。仏文科時代の級友たちは放送局や新聞社、広告代理店などに入社がきまり、新社会人の第一歩を踏みだすのに、東洋哲学科の学生はお寺のムスコばかりなので、就職運動の気配もなく、ぼく自身もやることないから大学院にでも行こうか、ぐらいに将来のことを軽く考えていました。

「お前どうするの？　将来のこと早く決めなさい」

と親にも言われ、東哲科の主任教授福井康順先生も大学院進学をすすめてくれたので、ぼくもいちおうそのつもりになってはいたのです。

そこへ舞いこんできたのが、とんでもないおバカな誘惑です。

「新しいショーの劇団が発足するんだが、キミその気ある？　文芸部が誰もいないんだ」

内外タイムスの橋本与志夫さんから突然の連絡。これになぜか、心が乱れてしまいました。

「大学院へ行っても学者になるだけだし、劇作家になれるキッカケになるなら、ショー劇団も悪くない。軽演劇復活につながるかも」

甘く考えたところがぼくの軽薄さ。新しい劇団とはいっても、結局は横浜のストリップ劇場を根城に、ショーと軽演劇をやろうという企画でした。いうなれば、「大学院か、ストリップ劇場か」

究極の二者択一です。

ぼくはストリップ劇場の道を選びました。両親は激怒しましたが、これが物のはずみってやつですね。気がついたら、ぼくは横浜セントラル劇場、横センの文芸部員になっていました。

昭和29年、22歳の秋でした。

横センはかつて盛況を誇ったストリップ劇場の老舗でしたが、場所柄もあってか客足が落ち、不入りのため一時閉鎖しようとしていたところへ、ぼくを含めた「劇団レッド・ガーターズ」が乗りこんで捲土重来《けんどちょうらい》を期そう、という鳴りものの入りの出発でした、いまにして思えば、お笑いですけど。

出しものは1時間半のショー、これにはヌード嬢も出ますが、都会的なしゃれたバラエティ風の、歌ありコントありの新企画。もう一本が、生《なま》バンドや踊り子たちを休息させるための、いわばツナギの喜劇、実はこの脚本演出をぼくが任されたのです、文芸部はぼく一人ですから。

「出来るかな、学生芝居一本しかやったことないのに」

なんてことはまったく考えないで、ひたすら時間に追われてぼくは週替りのコメディ台本を書きまくりました。ぜんぜん客受けしません。客はオンナを見にきてるわけで、二流のコメディアンに三流の脚本じゃ、しょせん場つなぎですから不入りの客の半分は眠ってました。時には役者が急に休むため、ぼくが代役で舞台に出たこともありますから、興行としては推して知るべしの内容です。

当時はコメディアンが一日五百円、ストリッパーが八百円から千三百円とかいう話を聞きましたが、文芸部のぼくは大入りなら小づかいをもらうという程度の素人扱い。でも好きなことがやれるという満足感で、わざわざ横浜に、親に出してもらった金で部屋を借り、せっせと劇場に通い、慣れぬ日々を夢中で過していました。思えば、題名も内容もひどい。第一作こそは時間に余裕があったので、「諷笑エロチカルファンタジー・金詰《かねづま》りシンデフレラ姫」という都会風のコメディだったのですが、あとはもうドサのサル芝居そのもの。「女の穴守り稲荷」とか「グレマン・ヤリマン大行進」なんて、どう見ても東洋哲学科卒業とは思えぬ知性の低さに、自分でも苦笑しながらぼくはノルマを果たしていました。

周囲にはヒロポン中毒の役者もいるし、ヤクザ風のヒモを持つヌード嬢もいる、楽屋で赤ちゃんにオッパイのませてるママさんストリッパーもいるのですが、ぼくはそういう一種うらぶれた楽屋の雰囲気がいたく気にいって、それに染まり一体化することが一種の生きがいになっていたらしく、世間体などまるで気にならず、学生時代に愛読していた坂口安吾の『堕落論』を低次元で実現したような、チンピラ的ヒロイズムに狂っていたとしか思えません。

「ここはオレのふるさとだ」

と自己満足していたのに、笛吹けど客は踊らず、横センは不入りが続き、経営者はついに奥の手にすがります。

「お風呂場ショウ」です。

観客席のドまん中にでっかい湯船をしつらえ、花道から踊り子が脱ぎながらそこへ近づく。タオル一枚で前を隠したカノジョがいろっぽく湯船に片足を入れ、タオルで隠したまま入浴するのですが、これだけじゃ受けない。踊り子が手酌でまず自分が一口、そして次に客に一杯つぎ、その盃を客が飲み干すという趣向です。

「片足を桶に入れる時、見えそうでかすかにチラリと見せる、これがウリで」

とマネージャーが自慢するだけあって、カノジョは全国を股にかけるお風呂場ショウのクイーン。盃のやりとりのあと、今度は客に背中を流させるサービスまでつくのだから、客は大よろこびで、早朝から満員札どめの盛況、まさに起死回生の一策に思えました。

ぼくの仕事はお風呂の湯加減の調節役。熱すぎても温《ぬる》すぎてもいけませんから、適温でカノジョが入りやすい状態にしておく役目でした。

このお風呂場ショウ、カノジョひとりで50分近くもたせるから、その日は喜劇がお休み、ぼくも火加減見ながら湯炊きを楽しんだのですが、夕方これからクライマックスという場面で大失態をおかします。

湯が熱くなりすぎたのも気づかず、ほかの雑用で手抜きしていたせいで、カノジョがいよいよ足を湯船に入れようとした途端、

「熱ッ！」

思わず前を隠したタオルを落としてしまったらしく、ほんの一瞬、これも演技かもしれないけど、丸見えとなったようで客がどっと湧いたのです。

これには支配人が喜びまして、カノジョはプロですから適当に間をつなぎ、湯屋番（？）のぼくが慌てて水でうめ、適温でショウの再開となりました。

「おいしい話題ができた。いい宣伝になる」

怒られるどころか、ぼくはほめられ、あれも一種の演出だった、最高の客サービスだ、という出演者一同の総括（？）で大いに盛り上がり、十円の大入り袋がでた程です。

「これで劇場も一息ついた。この勢いで次回から、きわどいシーンを作っていこう」

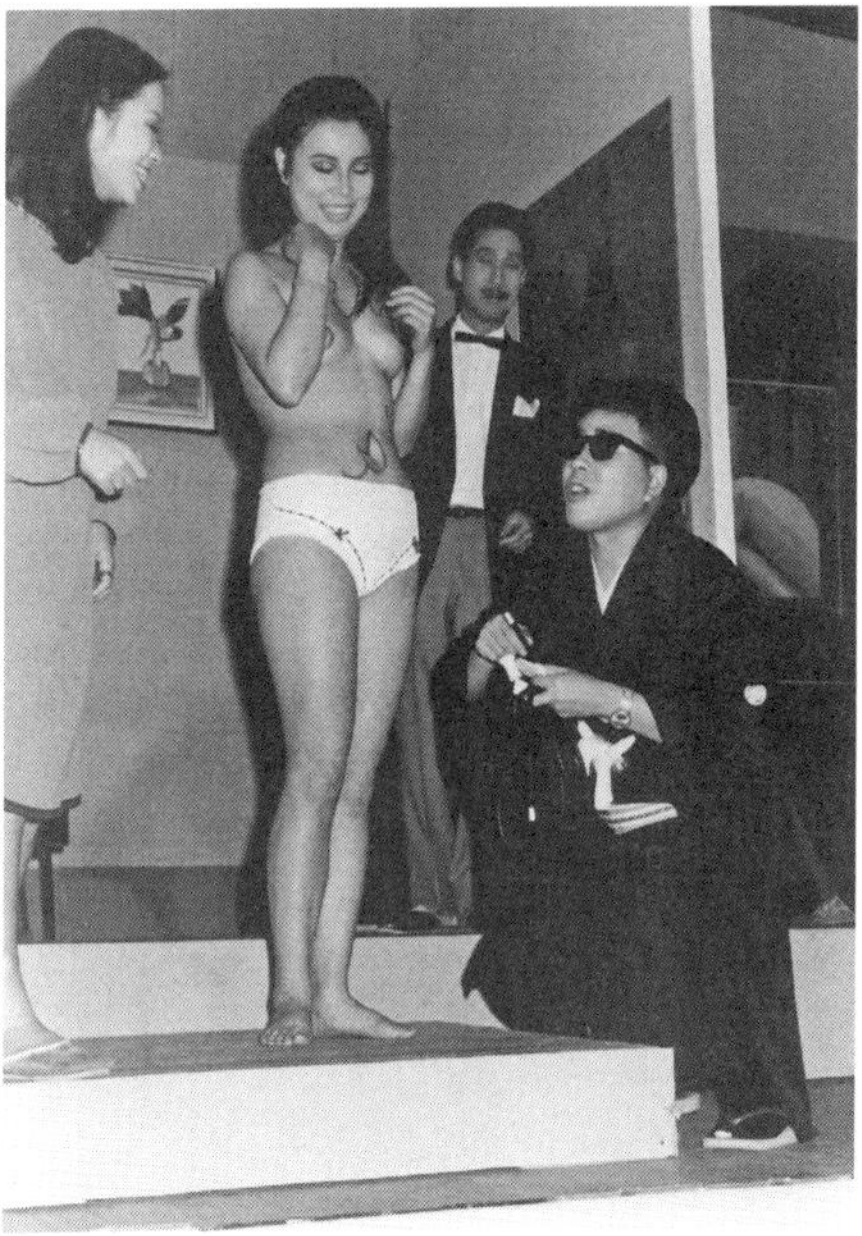

ストリップ劇場のコントにも特別出演

支配人から言われ、ぼくもその気になったところへ、翌々日に寿《ことぶき》警察署からのお呼びだしです。

「わいせつ物陳列罪」

の容疑で、支配人とぼくが呼びだされ、あれは意図的なものか不可抗力の偶然かをきびしく問われ、ぼくたちは平謝まりに謝まって

大事件にはならずにすみましたが、支配人いわく、

「事件になったほうが新聞に出てトクしたのに」

でもぼくは初めての事情聴取におろおろしてしまい、客受けのエロの片棒かついだことに良心が咎《とが》め、この商売も楽じゃないな、と初めて痛感した次第。

その後も客が入ればよかったのでしょうが、お風呂場ショウの効果も一過性で、「劇団レッド・ガーターズ」の苦戦が続きます。

ぼくは一幕喜劇の台本を20本近く、ショーのコントも何本か、実力も経験もないのに無手勝流で頑張って半年が経過。ヒロポンにもストリッパーにも溺れず、軽演劇一筋できたある日、早大時代の友人が見物にきました。かれの感想はお祭しの通りです。

「こんなことやってて将来どうするんだ？　仲間はみんな一流企業の社員だぜ」

そういう本人も文学青年で同人誌などに小説を書いていたのに、今はレッキとした新人サラリーマン。入社2年目の自信からか、

「就職は正道をいけよ。軽演劇に将来なんかあるものか。ましてお前はストリップ

だぞ」

酒の勢いでさんざんコケにされ、ぼくはまたもや意気消沈で挫折の思いにかられ、1週間後に劇場をやめました。

ストリップに携わってからずっと、「どうせオレの人生は出たとこ勝負だ」と思っていたので、あきらめも早く未練などなかったのですが、現実は脚本のネタづまりで、文芸部の仕事にいきづまっていた面も大きいでしょう。苦節10年どころか、苦節1年未満でぼくはこの世界から脱落してしまいました。


横センを去ったとはいえ、横浜に部屋を借りてる関係もあって親元には戻れません。ましてやマトモな就職先などあるわけもなく、仕方なくぼくは話のあったアルバイトに何でも食いつきました、それこそ昔よく言われた東京湾のダボハゼみたいに。

中でも話題になりそうなバイトが、思い出（?）の女子プロレスのレフェリーと競艇（ボートレース）の予想屋の助手でしょうね。

女子プロレスは当時まだ誕生したばかりで、ぼくの担当はキャバレーのショーレベルでしたが、これも初めは興味しんしんで面白かったですね。組んだのは、小畑《おばた》千代、佐倉輝美の二選手で、ご両人とも女子プロレスの草分け的実力者ですから、ご記憶の読者もいるはずです。

「もっとマジメにやれッ」

とヤジが飛ぶくらいキャバレーの酔客相手ですから、レフェリーのぼくはいわば道化役。女子選手に手ひどく痛められて三枚目を演ずるわけで、ストリップで鍛えた厚顔無恥なぼくにはいとも簡単なバイトでした。

そこで覚えたプロレスの裏側は、3カウントの数えかた、レフェリーの正装たるシャツの破られかた、女子選手に踏みつけられて苦しみもがく演技、どれも親が見たら嘆き悲しむアホな図ですが、

「これがオレの仕事だ」

と思えばちっとも苦になりません。あれは楽しいバイトでした、短期間ですけど。

女子プロレスのおバカレフェリーをつとめる筆者

競艇の予想屋の助手は、大森競艇場がデビューでした。現在《いま》はボートレース平和島といい、娯楽施設のメッカになっていますが、当時は競艇場だけの異色の一画。ボートファン以外はあんまり出入りしない特別な場所で、予想屋さんなんてのは一種のヤクザ稼業と思われてる時代ですから、大学卒の男が関わる仕事ではない、これが常識だったのでは？　と思います。

「食うためには何でもやる」

という生きかたもありますが、ぼくはもともとプライドなんてないし、中国古典の老荘思想にかぶれていまし

たから、

「知る者は言わず、言う者は知らず」

　そんな自分主義でお気楽に生きれば満足でしたので、予想屋の助手も苦になりません。ぼくの仕事は一レースごとの予想を売る親方の横で、小金を集めるだけでしたが、それだけじゃ面白くないので、ぼくの提案で極秘情報を親方に伝える、そういう演技（？）も考えました。

「情報、情報！」

と叫んでぼくが遠くから親方のもとへ駆け寄る。親方に耳打ちして集まった客に訴えるのは、

「お客さん、たいへんだ。大穴ですよ、このレース」

　すかさず親方が引きとって、

「大きな声じゃ言えないが、本命の選手まずいことになりました。いま便所に駆けこむところを、こいつが見てきたんだ。下痢だとさ」

　ウソにきまってますが、こういう得体《えたい》の知れぬ情報がギャンブルファンを喜ばせ、

お客を動かします。

「スンマセン、予想変えます。さあ今日一番の大穴だ。あたしを男にしてくれ！」

親方が絶叫するや、たちまち予想がバカ売れ。情報源のぼくは英雄気取りで小金を集めます。その当時は今の印刷メモと違い、紙きれに手書きの予想をレースごとに売ってましたから、売れだしたら一秒のヒマもない。こうしてぼくは、助手としてもいいお金がもらえるようになったのです。

「いずれは一本立ちしようか」

そう思ったこともありますが、酒が飲めないぼくには夜の楽しみがない。翌日の予想を立てて寝るだけですから、若さゆえの刺激がもっと欲しくて、このバイトも中途挫折してしまいました。しょせん根無し草の仕事ですから、長続きするわけがありません。

ぼくはもう少しマシな生活がしたくて、東京の親元に帰りましたが、この予想屋時代の話にはオマケがあります。尾ひれがついたというべきでしょうが、10数年前のこと、ぼくが議員を引退しラジオやテレビのタレント業をしていたころ、久しぶりに、平和島競艇に遊びに行ったときのことです。

場内に入るや、予想屋さんの一人が、

「よッ、先輩」

と声をかけるではありませんか。

もちろん知らない顔です。ぼくがここで助手をやっていたのは、50数年近くも前の話ですから、ここではぼくは異邦人。声かけられる理由がないので、理由《ワケ》を聞いてみますと、なんと予想屋さんの間ではほんの一部ですが、

「あのチンペイが大森（平和島）ボートで予想屋をやっていたらしい」

大昔の話が知られているのに驚きました。ベテランの予想屋さんとレースの合間に雑談してますと、

「センセイがここで予想屋やってた、って話をまことしやかに伝える者がいるんですが、本当ですか？」

マジに訊ねられたので、隠すことではないので率直に、

「そう、バイトで助手を」

と昔話をうちあけますと、

「そうですか。やっぱりレジェンドか」

わけのわからぬ感心をされて、ぼくは苦笑するしかありませんでした。その予想屋さんたちは今日も現場で活躍してると思います。


さて東京に舞い戻ったぼくですが、両親や近所の冷たい視線があるので、子供たちを集めて野球チームを作ったり、ムーラン研究の資料を整理したりしていましたが、想像以上に民間放送つまり民放のラジオやテレビが盛況になってきたことに目をつけ、どう血迷ったのか、

「テレビ・プランメーカー代表、野末陳平」

こんな名刺を勝手に作り、いくつかの企画書を添えて民放各局に送り、自分でも売りこみに奔走したものです。この時に役立ったのが、ムーラン研究で少しは業界の一部に名が知れていたこと、これが実に信頼のもとでした。

ある日、電通のラジオ・テレビ局から電話がかかり、テレビで軽演劇の復活はで

きないか、相談にのってくれ、という内容でした。

あとは前章に書いた通り、ここからテレビ界入りの道が開けたのです。

まさか、いきなり脚本を書かせてもらえるとは夢にも思わず、企画立案のお手伝いをするだけだと思っていたのですが、スポンサー予定の味の素がよろこびそうな、お茶の間向きの見本ゲンコウを何本か出す中で、企画が徐々に固まっていきました。

それが日本テレビの「味の素・家庭劇場」です。軽演劇の復活をテレビで目ざすとはいえ、ベテラン作家は大忙しでとても時間がありません。やむなくぼくにお鉢がまわってきたのですが、その第一回がフランキー堺主演の公開コメディ。

おかげでぼくの人脈も広がり、恵まれた人生が目の前に開けてくる予感もしたのですが、それらの昔話を前の章とは別の角度で、次の章でも回顧してみます。

自慢話になるか、自爆話になるか、その両方かも知れませんが。

三章

書く・しゃべるの二足のわらじ、もまた愉し

86年も人間をやってると、さまざまな出来事がありすぎてよく思いだせないし、その間お世話になった人物も多すぎて、もうかなり忘れてしまいました。

とはいえ、ぼくに影響をあたえ、成長させてくれた恩人や、面倒かけ迷惑かけた人のことは今でも感謝してるくらいで、時に思いだします。

ましてや遊び仲間は懐かしい。

「タレントづくライターたち、多芸発揮で人気高まる」

とスポーツ紙に写真入りで報じられたのは、前田武彦、永六輔、青島幸男など。かれらは「書くよりしゃべるほうがトクだ」とばかりに各局に出まくっていました。

ぼくと野坂昭如もその風潮に乗って、ニッポン放送で夜の時間に15分の掛けあいDJ「夜のいたずら」をやることに。これが昭和37年ごろで、二人の正式職業が不明だったせいか、「カラミニストふたり」という触れこみでした。コラムニストのシャレもふくめたんでしょう。

職業不詳といっても野坂はCMソングの作詞で売れてましたし、ぼくもテレビ脚本家でしたが、その肩書きより「カラミニスト」のほうが、毒舌や辛口を連想させせて面白そうにきまってます。昭和とは、そういう時代でした。

当時ニッポン放送の編成局長だった羽佐間重彰さんの企画でした。羽佐間さんはのちにフジサンケイグループのトップになりますが、当時から豪放磊落《ごうほうらいらく》な人で、このあとも長いことニッポン放送で番組を続けさせてもらい、それをバネに参議院選挙にも当選できたり、公私ともにお世話になりました。

ラジオ時代のネタは多岐にわたりますから、まずは文化放送のアナウンサーだったみのもんたさんの話から始めることに。

みのさんの本名は御法川法男《みのりかわのりお》。当時から早口のしゃべりが得意で、スタッフ一同と練馬のわが家へ遊びにきた時など、四谷から練馬の大泉学園までくるタクシーの中で、独演会のぶっつづけ。疲れを知らぬ達者なしゃべりが却《かえ》ってアダとなり、なかなか人気番組に恵まれませんでした。ニュースを読む時でも、

「担当は、ミノリカワでした」

最後に加えるのですが、これがリスナーの耳に残りにくい、印象が弱い。そこで

周囲からも、「名まえが堅すぎる。もっと分かりやすいほうがいい。なにかないか？」

本人を中心に、おえらがたが鳩首会談しても、キメ手が見つからない。たまたまぼくがそのころ、『姓名判断』というベストセラーを出版していたこともあり、こっちへ話がまわってきました。ぼくは『姓名判断』も参考にしましたが、ここはもっと短くてインパクトのある芸名がトクではないかと思い直し、

「御法川って名字が長すぎるんだ。これをミノに短縮してしまえ」

じゃ、下の名は？　当時ダービー馬にモンタサンという人気馬がいたことにひっかけて、

「モンタサンはどうだ。ミノモンタサン。サンは余計だからミノモンタ。平がなで、みのもんた。これなら覚えやすくて耳に残る」

本人も気にいって、翌日からレッキとしたアナウンサーなのに、芸名・みのもんたアナでニュースなどを読むことになりました。これで吹っ切れたのか、新宿のキャバレーなどに遊びにいくと、頼まれもしないのにステージへ上がり、〝みのもんた〟と自己紹介して漫談風のおしゃべりをとうとうと続けるのです。これが受けま

してね、いやバカ受けで、

「アナウンサーじゃ勿体《もったい》ない。司会者になれ」

と局のスタッフが言ったものの、そう甘い話は世間には転がってなくて、文化放送を退社後しばらくは冷や飯を食っていたカレが、やがて「みのもんた」としてテレビに登場、一躍人気者になったのはご存じの通り。

ぼくからは口にしませんが、いつの間にかマスコミ界では、

「みのもんたの名づけ親は、野末陳平」

というのが定説になってます。字画的には、

「口で商売繁盛するが、危うきこと多し」

となります。ぼくが飲めたら、夜な夜な、みのさんと銀座で豪遊していたでしょうに。


野坂昭如さんとのDJ放送は、思ったほど評判にならず短期で終了しましたが、ニッポン放送とはこれが縁で土曜日にワイド番組を10何年もやらせてもらい、おか

げで選挙にも当選でき世間にも少しはいいイメージが広がって、ぼくの恩人はといえば、ニッポン放送もその一つです。

黒メガネの悪役だったぼくが、聴取者の認知を得たのは税金です。現在《いま》では常識の医療費控除などの解説を放送で初めて取り上げたのはぼくに他ならず、難しい税制の話はぬきにして、

「こういう人は、税務署へ行けばお金が還《かえ》ります、源泉徴収された税金の一部が」

これ一本で毎週ラジオで叫んだから、あっという間に一種の社会現象化し、朝日新聞でも取り上げられ、世は還付金ブームとなりました。

その機を逃さず、『頭のいい税金の本』という日本語としては意味不明の新刊が青春出版社から出され、これがまた、たちまちベストセラー。年間売り上げランキングの一位になったりして、ラジオから発信した税金ネタが一大ブームとなったのです。

これはぼくも予想外で、聴取率も好調なため、羽佐間局長もごきげんで局から金一封をもらいました。

今や毎年2月には、税金還付の記事が新聞をにぎわし、医療費控除の話も恒例になってますが、ぼくの言いだした当時は、「まさか。ウソだろう」という声が事実あった、隔世の感ありですよね。お金の話も当時は敬遠されていたのに、今じゃテレビでもタブーではなくなってあたり前になってますし。

野坂昭如さんの話を続けましょう。

かれも思えば恩人です。黒メガネはかれが元祖でぼくはその真似をしただけですが、二人揃うと異様に見え、何かにつけて比較されたり同類に見られたり、実にいいコンビでした。

「三木トリロー冗談工房」というところで知りあったのですが、いっしょにテレビの構成をやったのは、

日本教育テレビ（いまのテレビ朝日）制作『ニッケミュージカルデザイン』

フジテレビ制作『冗談ハイウェイ』

二クール続いた、この二番組。構成が野坂、ぼくは手伝い程度でずいぶんとCM

業界の事情を教えてもらったものです。一時は四谷愛住町の野坂宅の玄関脇の小部屋に居候していたこともあり、日劇ダンシングチームの踊り子さんと会食したこともあったり、公私ともぼくたちは意気投合して、仕事と遊びに明け暮れていました。

そんな時です。野坂が突然、

「二人で漫才やらないか」

二人とも仕事はいろいろある。なにも慣れぬ新しいことに挑戦してどうするんだ、ましてや漫才なんて、遊びで出来ることじゃない、とぼくは初め乗りませんでしたが、

「二人ともヒゲはやす。衣装は高島屋で新調する。話したほうがインパクトあって、オンナにもてる。最高の道楽じゃねえか」

多分そんな調子で野坂はやる気まんまん。なぜかぼくも釣られ、名前つけるのは得意なので冗談ついでに、

「芸名は、ワセダ中退、ワセダ落第。これでどうだ、中退落第のコンビは受けそうだぜ」

本業で食えてるから強気です。

野坂の着想は、週刊誌漫才。その日その日のホットな話題を辛口で突っこむという趣向で、それなら面白そうだ、とぼくも悪ノリしました。

さてこれからが苦戦。ご存じのようにこの思いつきは大失敗に終り、二人とも大恥かいてスゴスゴと本業に戻るのです。なにしろ二人とも下手くそで笑ってもらえず、1か月かそこらで自主撤退したんですから。

稽古する前にまずはスポーツ新聞に売りこんで記事にしてもらい、前評判だけは絶好調なんですが、実演する場所がない。取りあえず若者が集まる場所ならどこでもいいとばかりに、第一に売りこんだのが、あの懐かしのうた声喫茶「ともしび」です。

「まだあるのかい、西武新宿の駅前のビルに」

と聞かれれば、とっくに別のところに移転し今でも営業やってますが、ぼくたちワセダ中退落第コンビはここの休憩時間に、まずは試験的に短いネタおろしをさせてもらいました。

これがダメ。反応が悪い。野坂、野末といっても一部で知られてるだけで、東京でもまだ有名人（?）ではなかったのが事実ですから、

「こうなったら稽古あるのみ」

ヒマな時に1時間ぐらい、3日間だけ稽古のまねごととして、「早く人前に出たい、舞台に立ちたい」とコネを頼りに、新宿松竹文化演芸場の磯野支配人に売りこみをかけました。

「じゃ、昼の部11時開演直後に10分ぐらい」

というわけで司会もなしに舞台に上がったものの、客席はなんと三人、それも支配人いれて。その三人の前で、その日発売の週刊誌を手にしたぼくたちは、

「えー、今週の出来事は……」

ぜんぜん反応なし。クスリともこない。お客さんはあきれて寄席の前座以下と見ていたのでしょう。

「日曜日ならお客さん入るから、次は日曜日に3回やってみますか」

支配人の好意で、ついにぼくたちは正式に芸人の仲間入りです。ポスターに名前

こそ出ませんが、日曜の満員の観客の前でいよいよ芸を披露するのです。新宿の松竹文化演芸場は現在《いま》の新宿ピカデリーのあるビルの地下に、改装前に存在した芝居とお笑いの殿堂で、そのころは石井均一座などがお客を集めていました。

「いよいよ、次だ、出番だ」

というのがお昼すぎ。たしかに大入りでこれなら笑ってくれそうだ、という予感がしたのですが、相方の野坂の姿がない。出番ギリギリに酒の匂いをプンプンさせて現われたカレは、

「気合いれて一杯やってきた」

そうなんです。野坂は酒を飲まないと毒の舌がまわらないし、大胆なセリフが出てこないタイプ。でもこれでまず、準備万端整ったと思ったぼくたちは、

「えー、ワセダ中退でございます」

「こちらはワセダ落第で」とぼく。

打ちあわせ通りに、「本日発売の週刊誌ですが」と切りだして時事ネタに入るんですが、お客さんは本日発売の週刊誌など読んでないし、早口でネタのこなれが悪

いから笑ってくれません。あせりましたね。何とか面白いことしゃべろうと、気負いこむわけですが、何と野坂のロレツが怪しくなって、まったくのアドリブで何やらまくし立ててるだけ。打ちあわせにない方向へ発展してしまい、客席はシーン。静寂しばし。

舞台の照明が強くて野坂の酔いが急速にワル回転し、無茶苦茶なしゃべりになってしまい、笑いどころか支離滅裂の暴走漫才に客席がざわめく。

「酔っ払ってしゃべるな」

ヤジまで飛ぶ始末。横で見ていた支配人から、〝やめろ〟のバッサインが出たので、これ以上もう続けるわけにいきません。ぼくも慌ててシドロモドロに、

「いや驚いた。こんなに笑わない漫才は見たことがない！」

声張りあげてヤケクソでしめると、ここで何と客席がどっと笑い、どうにかぼくたちは袖に引っこみました。演芸の総合司会者が出てきて、

「ヒドイね、あれが漫才ですか。小学校の学芸会よりヒドイ」

ここで拍手。いやもうさんざんな初舞台の失態で、楽屋に戻った野坂昭如はそこ

でずくまってしまいました、ほんとに酔いがまわって。

「下手くそッ、笑いのコツ教えてやらぁ」

と顔を出したのが、何と立川談志さんです。同じ週に、柳家小ゑんの名で漫談出演していた売れっ子の二つ目落語家でした。

実はこれが、ぼくと談志師匠の初対面。

これから晩年まで二人のつきあいは続くのですが、それは後の章に譲るとして、1回めの失敗がわざわいしてもう2回目の舞台には上げてもらえません。

「少ないですが、出演料」

と支配人からのクルマ代二千円渡され、ぼくも野坂も平身低頭、逃げるように演芸場を後にしました。二人とももう口をきく元気もありません。とりあえず野坂の自宅に戻り、

「もう解散だ。おれたちには無理だ」

ぼくが切りだすと、野坂も肯《うなず》いて、

「芸の道を甘く見ていた。申しわけない」

野坂が謝ったところで失敗はぼくも同罪です。カレの机上には、れいれいしく見開きで印刷された、「ご挨拶」と称するマスコミその他へすでに発送ずみの挨拶状の残部が、かなり積まれていました。

この挨拶状、野坂昭如の作成したものですが、連絡事務所の住所・電話番号まで書いてある本格的なブツ。笑っちゃうのは、挨拶文の最後が、次のような一文で締めくくられていることです。初めからこれがオチだったんですね。

「尚、時節柄、花輪御供物の儀は固くご辞退申し上げます。

昭和三十五年四月吉日」

ところでこのワセダ中退、落第コンビの下手くそ漫才を見ていたのが、他でもない、あの毒舌おしゃべりの天才（？）高田文夫さんです。

「もう見ちゃいられなかった、あまりにドヘタでシドロモドロで、泣きたくなった。怒ってる客もいた」

と本人がのちに観客の前で公言したのです。この会は、神保町の「らくごカフェ」

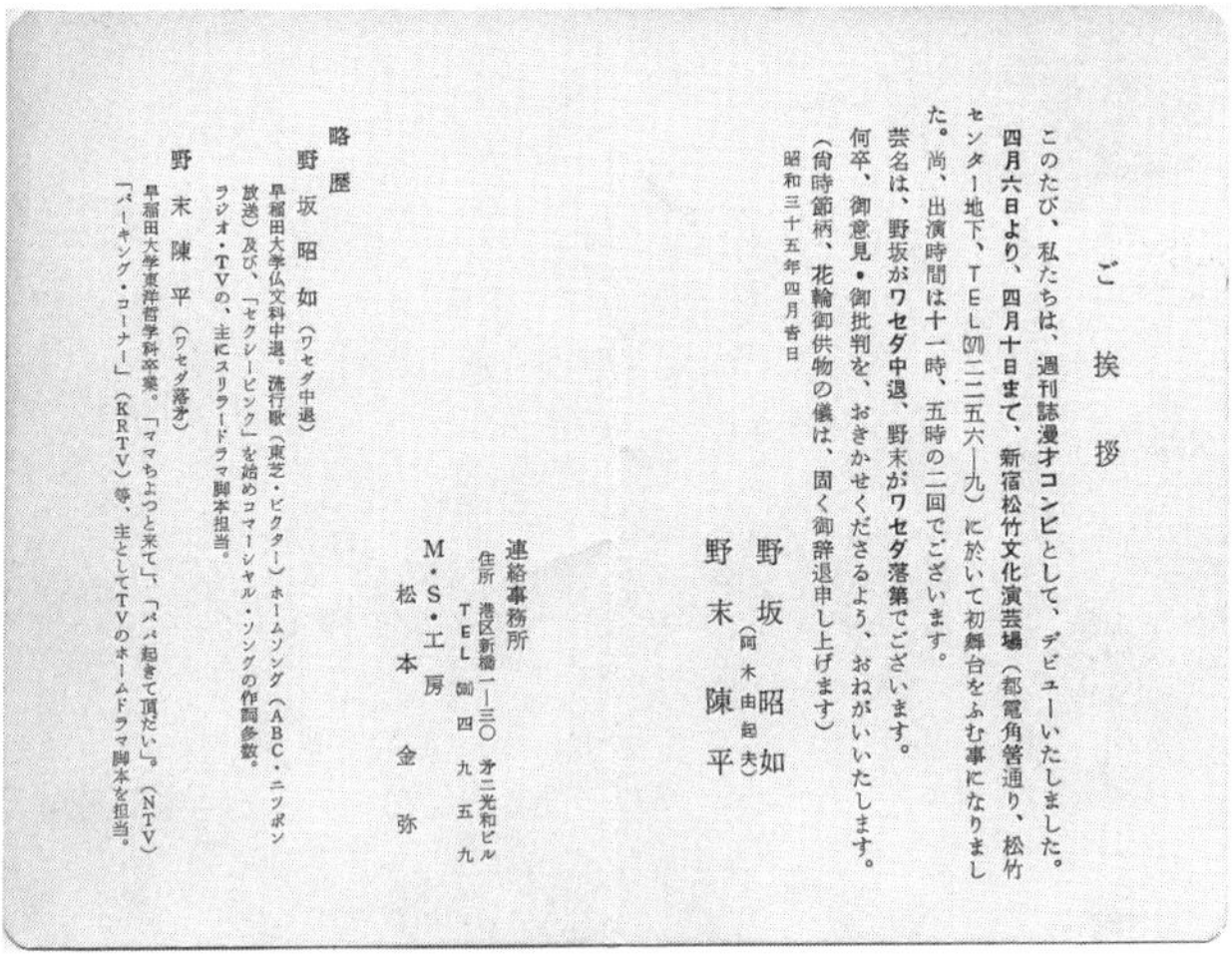

ご挨拶

このたび、私たちは、週刊誌漫才コンビとして、デビューいたしました。

四月六日より、四月十日まで、新宿松竹文化演芸場（都電角筈通り、松竹センター地下、TEL(37)二二五六—九）に於いて初舞台をふむ事になりました。尚、出演時間は十一時、五時の二回でございます。

芸名は、野坂がワセダ中退、野末がワセダ落第でございます。

何卒、御意見・御批判を、おきかせくださるよう、おねがいいたします。

（尚時節柄、花輪御供物の儀は、固く御辞退申し上げます）

昭和三十五年四月吉日

野坂昭如（岡木由起夫）
野末陳平

連絡事務所
住所　港区新橋一—三〇　オ二光和ビル
TEL (50) 四九五九
M・S・工房
松本金弥

略歴

野坂昭如（ワセダ中退）
早稲田大学仏文科中退。流行歌（東芝・ビクター）ホームソング（ABC・ニッポン放送）及び、「セクシーピンク」を始めコマーシャル・ソングの作詞多数。ラジオ・TVの、主にスリラードラマ脚本担当。

野末陳平（ワセダ落第）
早稲田大学東洋哲学科卒業。「ママちょっと来て」、「パパ起きて頂だい」。（NTV）「パーキング・コーナー」（KRTV）等、主としてTVのホームドラマ脚本を担当。

漫才デビュー時の挨拶状

右　ワセダ中退
左　ワセダ落第

という小さな席で、数年前ですね、立川志らら立川らく次の落語に加えてぼくのトークショーをやる月例会だったのですが、順調にコトが運んでる最中に突然、高田文夫さんが客席から乱入してきて、ぼくのことをケチョンケチョンにいじりまくり、観客の大爆笑を誘いました。

中退落第の漫才をいつ見たのか、あくまで高田ブシなんでわかりませんが、とにかく高田文夫さんは、ニッポン放送の人気番組『ラジオビバリー昼ズ』でも、何かあると、ぼくをサカナにして好き勝手に面白おかしくいじりまくります。

ぼくは聴取してないので文句のいいようもなく、ナニいわれても無視してますが、高田文夫さんの話は毒はあっても憎めない楽しい語りなので、

「ネタにされるうちが花だ。ネタにされなくなったら、おれももう終わりだ」

割りきって、たまに番組ゲストによばれると、嬉しがってホイホイ出演してしまいます。高田さんの『ラジオビバリー昼ズ』はニッポン放送の名物長寿人気番組ですから、昔ぼくの放送を聴いてくれていたオールドファンも、懐かしがって聴いてくれているようです。

その高田さん、実は身体障害者一級なんです。カレが倒れた報に接した時は驚きました。心肺停止で病院に担ぎこまれ、生死の境をさまよって無事に生還し、いまはラジオや雑誌や単行本で仕事してるわけですから、驚異のカラダともいえます。退院した時に高田さんからファクスがわが家にも届きました。

〈朗報〉

御心配おかけしました。長い闘いでした。4月11日に突然の心肺停止で駿河台の日大病院に運び込まれ、丸三ヶ月、7月10日に無事退院しました。

集中治療室に70日間。

一般病棟に22日間――で、計92日間。

ＩＣＵ（アイシーユー）に70日間というのは、日大でも新記録だそうです。アハハ、居続けしすぎました。

七ヶ所の大手術で、首から下は傷だらけ（アジの開き、ジグソーパズルのよう）ですが、商売道具の脳味噌と口とペンを持つ手は、奇跡的になんともありませんでした。

今後は家から通院しながらリハビリにはげみます。秋口にはボチボチ、仕事をまた始めようかなと思ってます。（半年、収入がないから……稼がないと）

カミサンと日大病院一同から、もう一度頂いた命です。大切に大切に使っていきます。

どんな時もユーモアだけは忘れずに……。

今後ともよろしく。

高田文夫

この文面にぼくは感動しました。

高田文夫さんの心肺停止を招いた原因は、煙草の吸いすぎだとも聞きますが、退院以後たしかに煙草をやめ、ぼくと食事してもお酒をチビチビ飲む程度で、万事に慎重で用心深く無理はしませんね。

「陳さん、今度かに料理食べに行こう。オレがおごるから」

と誘われて新宿の「かに道楽」へ行きましたが、年長者のぼくがおごるのが当然なのに、反対でした。いつも年下の高田文夫さんに払ってもらってご馳走になってます。ぼくより収入があるので当たり前ともいえますが。

実をいえば、わが家に出入りしてパソコンの修理など何でもやってくれる落語家の立川志らら（もちろん真打ち）は高田文夫さんの弟子筋にあたる男なんです。志ららは高田さんのクルマの運転しながら、いろいろな情報を高田さんに吹きこんでいるようですが、マジに高田情報網はお笑い芸人中心に広く張られていて、これまで若い芸人たちの面倒をよく見てきた成果もあり、「お笑い界のドン」なんて呼ばれてるらしく、ぼくも高田文夫さんの著作は何冊も、面白がって読んでいます。

高田ネタはまだいくらもありますが、ここで中退落第漫才失敗談に戻りますと、簡単にいえば、本業回帰。才能もないのに、道楽であれこれ手を出すのはバカだ、やめろ、という教訓ですね。

かくて、野坂昭如さんは引きつづきコマーシャルソングの作詞やテレビの構成をやる。ぼくはテレビの脚本を書くかたわら、雑文集などを出版しますが、やっぱりいちばん好きだったのは、ラジオでした。

各局で番組を持ちましたが、ぼくにプラスだったのは、ラジオの対談などにゲストで出演してくれた人たちです。

数学者の秋山仁さん、歌舞伎の中村吉右衛門さん、俳優の津川雅彦さん、その他、多士済済《たしせいせい》のメンバーに学ぶところ大でした。そのエピソードをいくつか次に。


秋山仁《じん》さんとは、ニッポン放送の朝番組『高嶋ひでたけのお早よう！　中年探偵団』ではじめてお会いしました。ひげもじゃのオッサンでとても数学者には思えない。ただの変わり者のおかしな人という感じで、おまけに第一声が、

「陳平さん、センセイは偉い。西高出身でしょう。あたしなんぞ、西高に入り損なったダメ学生です。よろしく」

この前口上、若者たちへ講演する前でも定番のキャッチコピーだとあとで分かりますが、なにしろ番組中では、小学校時代の同窓生の話が面白く、同窓の誰をつか

東京理科大にて、秋山仁さんと

まえてもバカ扱いしてしまう。

「努力は報われず、正義は滅びる」

　てな出だしで学生たちに一発かませ、だから若者はどうあるべきか、を逆説的にお説教するから全国引っぱりだこの数学の人気先生なんですが、実は世界的な数学者で、平成27年には、世界でも権威あるシュプリンガー社から分厚い専門書が出版され、その年末に記念パーティーがありました。

「チンペイ先生、スピーチをお願いします。秋山がいかにバカであるかを強調する内容にして下さい。お願いします」

　本人自筆の依頼状。行ってみたら、

錚々《そうそう》たるメンバーばかりなんです。ぼくとは無縁の社長、学者、理事長、博士など、ご年配の名士ばかりの中でぼくはスピーチの指名を受けました。

「秋山さんはほんとのバカです」

と言われた通りに開口一番やったものの、この先がむづかしく、二、三バカっぽいエピソードを入れながら、

「しかしそのバカも日本だけでしか通用しないおバカな人です。世界じゃ通用しません。実はニセ者のおバカで、秋山さんは世界で有名な数学者秋山仁です。日本で世界のだれだれといわれる程の人は二人しかいない。世界の本田宗一郎とアキヤマです。不肖このあたしが証明します。お粗末なスピーチお許しを」

やっとこんなぐあいにお茶を濁しましたが、お酒の席でわいわいしてますから、ほとんどの人が聞いてなかったでしょう。でも和気あいあいたるパーティーで楽しかったことを覚えています。

秋山仁さんは神楽坂の東京理科大学に研究室を持っているので、たまに遊びにいきますが、酒が強いのでぼくは途中で逃げ帰ります。別れぎわに発する秋山流極め

ゼリフがこれです。

「また声かけるよ。死ぬまでに、じいさんに超一流のうまいものうんと食わせないと、バチがあたる」

実現はまだしてません、まだ死にそうにないですから。


歌舞伎はたまにしか見ませんが、中村吉右衛門主演『鬼平犯科帳』（フジテレビ）はずっと前からのファンで、今でも再放送を時間のある限り見ています。

「残念だなあ。鬼平はもう新作見れないのか、再放送しかないのか」

と嘆く声も聞こえますが、まさに平成28年の秋に『鬼平ファイナル』二夜連続放映を最後に、吉右衛門さんの鬼平は再放送でしか見ることができなくなりました。

でもBSフジの再放送では、吉右衛門さんの鬼平が毎週見られます。中村錦之助さんや丹波哲郎さんの鬼平シリーズも見ることができます。初代松本白鸚《はくおう》の鬼平シリーズも加えたら、なんと四人の鬼平の雄姿にお目にかかれます。

「えッ、鬼平役者が過去に四人もいたのか」

驚く読者もいるでしょうが、原作者の池波正太郎氏は、吉右衛門さんの鬼平が一番気にいっていたそうで、それほど吉右衛門さんの鬼平には実在感があり、原作者のイメージ通りの鬼平だった、という話を聞きました。

ぼくもＢＳフジの再放送で、四人の鬼平シリーズを見てますが、初代白鸚は別格として、錦之助さんも丹波哲郎さんもそれぞれのキャラを活かした鬼平を演じてくれていて、楽しく見られる作品になっています。

初代松本白鸚はいうまでもなく吉右衛門さんの実の父上ですが、この『鬼平犯科帳』が大当たりしたことから鬼平ブームが今に続いているようで、ぼくが新発見して驚いたのは、

「えッ、中村吉右衛門が鬼平のムスコの辰蔵役で出演してるじゃないか。イキな父子共演だ」

これです。その後10数年たってから、吉右衛門さんが長谷川平蔵役を演じることになるのだから、鬼平ファンにとってはたまらない企画ですよね。

池波正太郎氏が吉右衛門さんに、

「どうだ、鬼平を演《や》らないか」

と話されたのは、吉右衛門さんが40歳の時だったと聞いていますが、その5年後、ついに吉右衛門さんの鬼平が登場。もちろん当たり役で、視聴率もとれ、代表的な時代劇として今に続いています。

ぼくとしては2007年の五月に、新橋演舞場で上演された『鬼平犯科帳・大川の隠居』や、吉右衛門さんの鬼平映画も見ていますが、何といってもテレビの再放送は毎週月曜きまった時間に見れますから、今はもうぼくの余生に鬼平がしっかり組みこまれている感じです。

「いつ見ても、吉右衛門の鬼平はいい。心の支えになる。名ワキ役の何人かが亡くなってしまったのは、さびしいけど」

こんな風に思いながらテレビの再放送見てる読者が多いのでは、と思います。

話を戻しますと、吉右衛門さんには文化放送の毎日10分間トークに、何週もゲスト出演してもらいました。ぼくの担当したワイド番組の一コーナー（録音）なんですが、収録の時は粋な洋服姿ですからイメージがとても若い。話も楽しいのですが、印象的だったのは兄幸四郎さん（二代目松本白鸚）との、役者どうしの芸と人気の競い合いでしたね。

「兄幸四郎との間に、どんどん差が開いて、口惜しいけどぼくはついていけませんで、人気も芸も早く兄に追いつきたい、と悩む日が多かったですね」

多分こんな趣旨のことを吉右衛門さんは回顧されたと思うのですが、兄弟間だからこそ芸の道はきびしいのかな、とぼくは返しましたが、きまじめな感じの吉右衛門さんが意外とざっくばらんに芸談ウラ話や若き日のパリ外遊の話などしてくれたおかげで、かなり打ちとけました。

ずっと後になって、ぼくが吉右衛門さんの旧歌舞伎座の楽屋を訪ねたことがあります。楽屋は護衛（？）の若手俳優が入り口に陣取り、奥の吉右衛門さんの化粧前までやや遠かったですが、ぼくは図々しく横に坐り、企画の話をさせてもらいました。

それは若くして暗殺された鎌倉幕府三代目の将軍実朝《さねとも》が、中国へ渡航すべく木造船の造営を命じた仏師《ぶっし》の陳和卿《ちんなけい》との、虚々実々の物語。その船は鎌倉の海へ進水する寸前にこわれてしまい、実朝の中国渡航の夢はかないませんでした。

その陳和卿か実朝の役を吉右衛門さんにどうかと考え、脚本《ほん》は任せて下さい、とばかりに売りこみました。『鬼平犯科帳』の舞台化もあり、今を時めく吉右衛門さんの話題の野心作になるのでは、とひとりよがりの構想と妄想をくりひろげたものです。一月《ひとつき》ぐらいあとの夜、電話がなって、

「吉右衛門です。実は……」

という話になった。播磨屋といわないところがぼくにはサプライズでしたが、

「松竹と話しましたが……」

しょせん歌舞伎の新作など無理、不可能だと分かってましたが、それをわざわざ返事をくれる律儀さがありがたい、という感じです。

実朝と陳和卿の話（？）はこうして陽の目を見ませんでしたが、ぼくは充分満足でした。あの吉右衛門さんが電話をくれた、オレごときに、と。

吉右衛門さんとくらべ、津川雅彦さんなどは初めから冗談のやりとりもできるく

らいリラックスした対談でしたが、ここでも俳優どうしの芸と人気の目に見えぬ葛藤がネタになりました。

「兄の長門裕之は演技派で日活の実力者、弟の津川雅彦はただ突っ立ってるだけの木偶《でく》の坊、これが映画界の評価でしたからね。ぼくは焦りまくって俳優やめようか、とヤケになったこともあります。それほど兄弟の格差はものすごかったものです、今じゃ弟のぼくのほうが売れてますけど」

ざっとこんな調子で、ぼくはこれだけで津川雅彦さんの大ファンになり、とくに最近のしぶい老《ふ》け役は大好きですが、これよりかなり前、長門裕之さんがまだ健在のころの話、テレビ局でたまたま顔をあわせたところ、長門さんがいきなりぼくにケンカを売って来たのです。

理由はぼくが週刊誌に連載していたテレビ時評で、

「長門裕之の坂田三吉伝はつまらない。あれは三吉像ではない。坂田三吉は狂気の中に愛嬌がなくてはだめだ。長門はミスキャスト」と書いてました。

これを根に持ってチャンスを狙っていたのでしょう。手紙で抗議や弁明してくる

俳優さんも中にはいますが、真の人気者はこんな批評など気にしません。長門裕之さんの本性は気が荒いらしく、

「あのヤローは何だ、タダじゃおかねぇ」

みたいな見幕でなぐりかかってきて、そばにいた南田洋子さんがどうにかその場をおさめたのですが、その話はラジオの対談だから津川さんには話しませんでした。

津川雅彦さんは当時、「グランパパ」という高級輸入玩具の店を青山その他で経営していたためか、出演のおみやげとして、

「静かによく眠れる雨だれの音」

みたいなヨーロッパ製の珍しい玩具をプレゼントしてくれました。しばらく使ってましたが、今のぼくはハルシオン常習者（？）なので、かれのおみやげは部屋の片隅で眠ってます。

ラジオやテレビで対談した相手はキリなく存在しますが、かれらは徐々に登場するとして、ここで野坂・野末の話を再びふり返りますと、野坂さんは小説へ転向し、デビュー作『エロ事師たち』で一躍、流行作家になり、そのあと直木賞をとります。

ぼくは参議院議員をめざしてはいたものの、何となく惰性で雑文集を出すだけの三流の人。

「野坂に差をつけられて口惜しくないのか」

という取材まであり、両者の差は開くばかりで黒メガネ対決のゆくえを面白がる向きもありましたが、ぼくは『姓名判断』（カッパブックス）と『ヘンな本』（青春出版社）という二冊のベストセラーのおかげで印税がどんどん入ってくるので、ライバル心など起きません。

「土地買って家を建てるほうが先だ。それにオンナにももっとモテたいし」

この程度の低レベルで、そのころはたいした野心などなかったのです。

邱《きゅう》永漢《えいかん》さんの話ですが、〝お金儲けの神様〟としてぼくもずいぶんお世話になり、台湾まで同行したことも何度かありますが、

「参議院選挙に出ようと思う」

こんな相談もちかけられ、当時ぼくは現職でしたが、無所属なのでいい知恵が出

ません。なぜなら邱さんは自民党から出馬したいとのこと、何のつもりか目白の田中角栄邸をじかに訪問して交渉したそうです。邱さんは、

「ダメですよ、話にならない！」

と角さんに冷遇されたことを怒っていましたが、国籍問題があるので角栄さんに相手にされなくても仕方ありません。のちに日本国籍をとり、邱永漢さんはマジに参議院選全国区に立候補しますが、結果は下馬評通りで振るいませんでした。

「お金儲けの神様じゃ、票にならないか」

とぼくはヘンに安堵し、それから邱永漢さんの家には足が向きませんでした。行く度にうまい中華料理をごち走になり、至福の時だったんですが、会って選挙の話をするのがイヤなので遠慮せざるを得なかっただけ。


異色のつきあいといえば、呼び屋の神彰《じんあきら》さんの名が忘れられません。ボリショイバレエやサーカスを呼んだ絶頂期ではなく、「北の家族」を経営してるころの神さんとはよく会い、渋谷の店へ遊びに行ったり、新年宴会にも招かれたりしました

が、渋谷の自宅を訪れた時はびっくりでした。

松濤《しょうとう》あたりの大豪邸ですよ。そこにほとんど誰も住んでない気配で、神さんと雑談した記憶もありますが、いまなお強烈な記憶は社員の営業促進決起集会、まさに軍隊式の大声が飛びかうスパルタ会議でして、ここで神彰さんは多言を発せず、じっと一同をにらんでる様はそういう経験のないぼくには異様に映りました。

「この眼がすごい、怒らせたら怖いだろうな」

と思ったもので、これは雑誌の企画で知りあった元安藤組の組長・安藤昇さんの、鋭い眼光とは一種ちがうものでした。


堅い話は抜きにして、あのカルーセル麻紀さんが老いたりとはいえ未だに健在なのはごぞんじと思います。これも雑誌の企画でぼくがカノジョの一日マネージャーをやることになり、池袋のキャバレーに二人で乗りこみました。キャバレー出演は金にはなるけど、扱いはホステス嬢なみで誰にもペコペコしなくてはならず、普段でかい顔してナマイキな発言してるぼくには、不慣れで戸惑う仕事場でしたが、キ

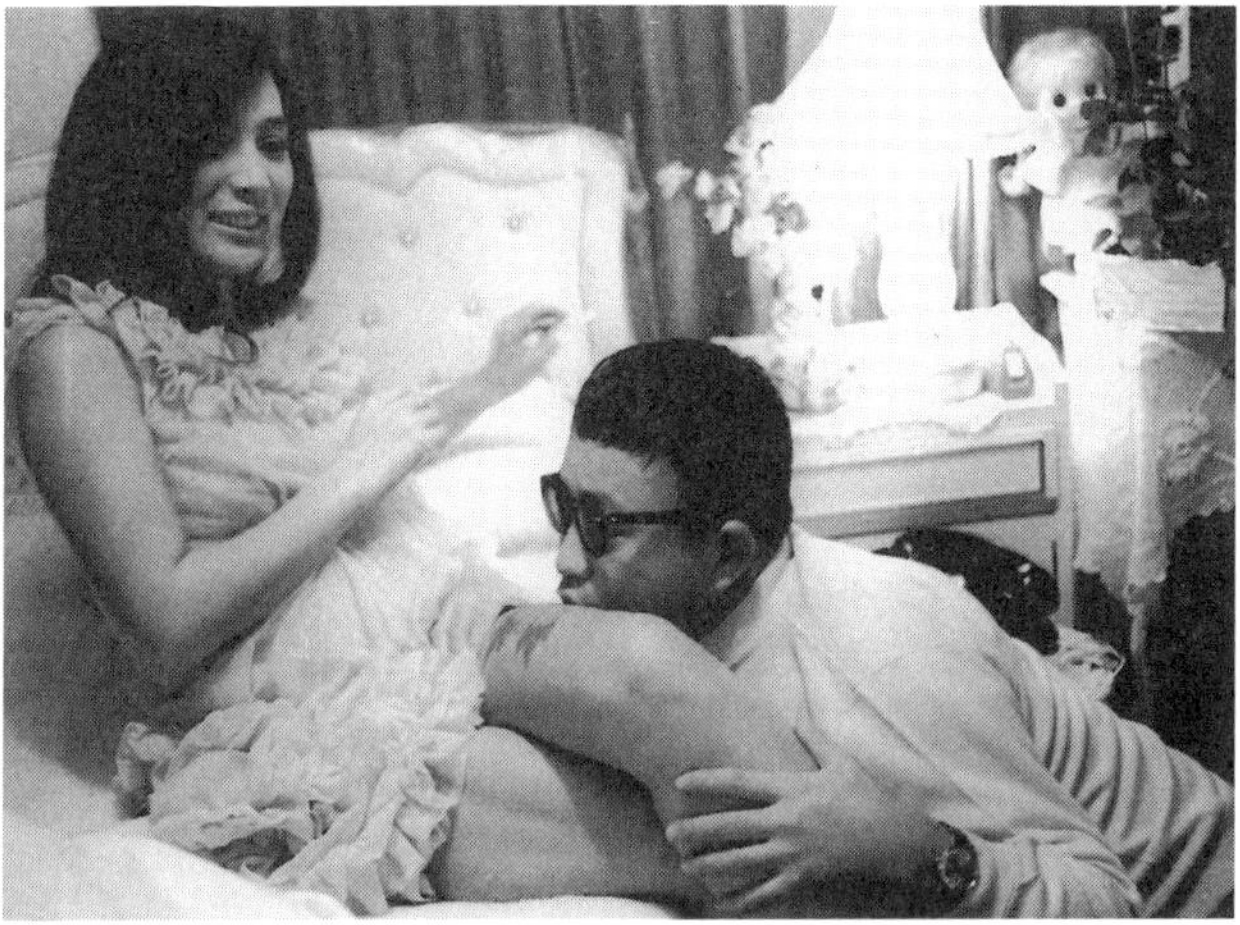

カルーセル麻紀さんの太ももに入れたバラの入れ墨にしゃぶりつく

ャバレーの裏側がこんなにも雑然とした、ストリップ劇場の楽屋以下の猥雑《わいざつ》さに、

「もうキャバレーには行きたくない」

まるで見当ちがいの思いをおさえて、カルーセル麻紀さんが脱いでいく着物や帯や襦袢《じゅばん》などを舞台袖でかき集め、マネージャー役のバカバカしさを面白がっていました。取材とはいえ、当時のぼくは好奇心の塊でしたから。

麻紀さんの家にも行き、料理も作ってもらいましたが、何といっても太ももに入れた派手なバラのタトゥがぼくは大好きで、

「あのバラの入れ墨にかぶりつきたい」

と前から念願していましたから、この機会に懇願し永年（?）の思いを実現させました。どうってことのない味でしたが、ぼくは感動したフリをして、

「うめえ。抱かせてくれッ」

と言うや、カルーセル麻紀さんは手をひろげて、

「一千万！　あたしは高いのよう」

これで大笑い。とはいえ実に見事なバラの入れ墨で、あれはお値打ちものでした。


キャバレーといえば、ごぞんじハリウッドの福富太郎さんのところへは、何回もタダで遊びにいき、楽しい思いをさせてもらいました。

福富太郎さんのすごさは、当時まだ昭和30年代から超一流の名画を蒐集し、自慢していましたが、ぼくはそういう書画骨董には興味がなくて聞き流していたところ、やがて絵画ブームが起こり、福富太郎コレクションはプロたちからも注目され、キャバレー王がたちまち絵画王になる勢いで、福富さん秘蔵の名品があちこちで展示

されました。

「キャバレー経営以外にも、時代を見る眼があったんだ。億万長者だ、あれは」

今さら感心しても遅いのですが、福富流先見の明は数十年も前から、まだ無名の画家を発掘し、それが脚光を浴びて高値がついた、そんな事実はかれ自身が自著で明かしています。

とくに美人画の蒐集は天下一品とか。美術評論家顔負けの解説なども書いていますが、ブームになるはるか以前から絵画に興味を持っていたことに、尊敬（？）の念を抱きます。

未だに福富太郎さんは元気でキャバレー経営も続けているようですが、この所ぼくは会っていません。絵画にもキャバレー通いにも興味を失ったので会う機会はもうないかも。

異色の人づきあいはキリがないから、ここらで切りあげて本来のテーマに戻ります。

ぼくの好きな舞台人の話です。梅沢富美男さん、三宅裕司さんなどが登場しますが、もともと劇作家志望だったぼくとしては、新宿で一時ムーラン・ルージュの残党たちとやっていた「劇団ムーラン」以外では、舞台脚本を書いたことがありません。

当人の志望以外の道を歩むのが人生なんですかねえ。


劇作が本業にならずとも、観劇は好きでした。それも大劇場より、小劇場やアングラ芝居を見るのが、下北沢、新宿、中野、池袋とかの。

吉田日出子たちの「オンシアター自由劇場」演ずる『上海バンスキング』は10回ぐらい見ましたね。花園神社の唐十郎の紅テント小屋も見たし、柄本明や高田純次らの「劇団東京乾電池」も見た。佐藤B作の「劇団東京ヴォードヴィルショー」も、その他今は潰れてしまった小劇団を何10回となく時間のある限り見物してまわりました。目的は無名の若者たちの懸命な芝居から、刺激を受けるのが好きだったから。

中でも三宅裕司さんの「劇団スーパー・エキセントリック・シアター」は、今でこそSETで有名ですが、当時はまだ知る人ぞ知る小さな劇団で、ぼくの初見は池袋の「シアターグリーン」、それも往年の改装前の、そのまた前の掘建小屋風の時でした。

「おれこそ、SETのファン第一号だ」

とぼくは自認してますが、初めて見たのが『リボンの騎士』だったか、もちろん切符買って入場しました。観客は十五、六人程度。横に長い木の椅子に座って観劇するのですが、けっこうこれが面白い。狭い舞台と楽屋がカーテン一枚でつながってるような田舎芝居らしい雰囲気が気に入って、ぼくは前へ乗りだして三宅裕司さんたちの溌剌《はつらつ》たる演技に見入っていました。

するとと、役者たちがカーテン横から客席をのぞき、ざわざわしてます。何のことやら分からず見終わって、外へ出ますと座員が二人ぼくを追ってきて、

「すいません、チンペイさんですか」

と聞きます。当時少しはぼくも顔が売れてたんでしょうね。あとで聞いたら、

「チンペイが見にきてるぞ。間違いない」

ってわけで楽屋横から客席をのぞき、確認してたらしいんです。これが縁でこの劇団の公演にはフリーパスとなり、案内をもらうたびにいそいそと観劇に出かけ、

その度にかれらは上手になり、観客も増えていきました。

ぼくは頼まれもしないのにニッポン放送で、三宅さんたちの劇団をＰＲし、

「このままじゃ勿体《もったい》ない。局に推せんしてみよう」

上層部に教えると、三宅劇団はニッポン放送のスタジオできっちり持ちネタの芝居をやらせてもらい、これは非公開のサービス出演でしたが、ここで三宅裕司さんが目にとまり、大抜擢されて夜の番組のコーナーを持たせてもらう。このコーナーが広がって、ワイド番組に拡大していきます。

「実力がやっと開花してきたかな」

と思う間もなく、「スーパー・エキセントリック・シアター」は有名になり、三宅裕司さんや小倉久寛さんが自力で中くらいの劇場公演がもてるところまで、時間がかかりませんでした。人気と成長の速さにぼくのほうがむしろ驚いて、担当していたニッポン放送の宮本幸一さん（現在ニッポン放送プロジェクト社長）に尋ねると、

「番組も好調だから、劇団としてやっていけるでしょう、スポンサーもついたらし

いし」

ぼくがご無沙汰してる間にかれらはすっかり一人前、いやそれ以上となり、劇団名もSET、公演場所もサンシャイン劇場、東京芸術劇場、と格が上がっていき、何よりも公演回数がふえて、いつも超満員の盛況を誇っています。

三宅さんも小倉さんも、ラジオやテレビで自分の番組を持ち、その活躍がうらやましい程の売れっ子ぶりです。

「昔を思いだすねえ、君らはまだ若くてイキイキと体が動いたし、飛んだり跳ねたり」

たまに楽屋を訪れて昔話に及ぶと、

「そろそろ還暦ですよ。カラダ動きません」

三宅裕司さんが口にすると、横から小倉久寛さんが、

「ホントですよ。だからなるべく動かないで、セリフだけのギャグや掛けあいしてるんです」

とはいえ、先日平成29年の春でしたか、高田文夫さんのニッポン放送『ラジオビ

バリー昼ズ』にぼくがゲスト出演し、そのあと村山創太郎相談役を訪ねた折、局内でバッタリ三宅さんに会ったら、「還暦はとっくに過ぎた」と笑ってました。

当初からこの二人は同じ楽屋に二人並んで、毎回知恵を出しあいながら笑わせる工夫をしていたらしい。共演する両雄の楽屋が同じというのは大劇場の芝居では珍しいとか。毎回、三宅・小倉のイキがあってアドリブが大受けというのも、こんな所に秘密があるのか、と思ったりします。

「これから毎年、新橋演舞場に出ますし、まだまだ頑張ります」と三宅裕司さん。

「そうか、オレも年とるわけだ。キミたち創立40年か、もう」

ぼくはガックリし、「その昔、池袋の『シアターグリーン』のせこい小屋で細々と芝居やってた若者たちが、遂にここまで上《のぼ》ってきたたか」

SETファン第一号としては、うれしいけど、複雑です。ファン第一号どころか今はファン何千号もいるわけだから、オレもその中のひとり。そう思えば、

「ファン第一号なんてのは自慢にもならねえ」

と思うと同時に、かれらが同年代のライバルだったら、ここまで相手が有名にな

った以上、ぼくは楽屋を訪ねるのもイヤだろうな、と愚にもつかない思いにひたりました。芸能の世界ではこういうことザラにあるみたいですよ。

梅沢富美男さんとは私生活もふくめ縁が深いです。もう何10年も前になるでしょう、古すぎて細かいことは思いだせません。ヒット曲『夢芝居』が出る前ですから、昭和40年代の初頭でしょうか。初めて会ったのは東十条のたしか篠原《しのはら》演芸場といいましたか、いわゆる大衆演劇の常打ち小屋でした。

梅沢武生《たけお》劇団の一員で、富美男さんは女形で人気があり一座の花形、観客からのもらいも一番多かったものです。

今はそういう習慣は減ってきたものの、当時はファンが舞台上に金一封や米や酒をのせ、役者がそれを頂く。中には一万円札や千円札を長いレイに仕立てて、役者の首にかけてやる、こんな光景があたり前で、劇団側もその用意に役者全員が一曲ずつ踊って、観客に差しいれの場をつくる、これが常識でしたし、終演後に役者全員が帰宅の客に、入場口で、

「ありがとうございました。また、どうぞ」

握手などする、こういう送り出しがおなじみの風景でしたから、東十条の篠原演芸場も例外ではありません。そのピカ一のスターが梅沢富美男さんでした。

かれは女形で踊るし、三枚目の芝居もやるしで連日大入り、その人気を聞きつたえ好奇心からぼくも見学に行ったのです。

たしかに大熱演で観客はヤンヤの大喝采。そこへどういうキッカケか、客席にぼくのいることがオバチャンたちに分かってしまった。下町のオバチャンたち、騒がしいですよ。富美男さんの芝居なんかそっちのけで、「サイン、サイン」とぼくのまわりを囲みました。

これには流石《さすが》に富美男さんも切れて、

「芝居の邪魔だ。静かにしてよ!」

流石に、サインなんかどうでもいい、とは言わなかった。ぼくはいわば表敬訪問した形ですから、ここはサインの要請を断るべきでした。もちろん劇場内だからサインなど出来ませんでしたが、これを機に梅沢劇団と親しくなりました。

『夢芝居』がヒットしたのは、この後程なくでした。次はもう下町の芝居小屋ではありません。本多劇場を皮切りに明治座、新歌舞伎座へと梅沢さんは一流の場へと進出します。その度にぼくは招待されました。

富美男さんは歌もいいけど、頭がいいからトークがうまい。芝居とショーの間に見せる、「梅沢富美男オンステージ」ではソフト帽をかぶり『夢芝居』を歌う、その格好がいいのなんのって、場内大よろこび、ぼくはその姿に惚れて、頼みました。

「富美男さん、舞台でかぶったハットが欲しいんだけど、いい？」

「汗でくさいですよ。記念に、どうぞ」

それからぼくは白や黒のソフト帽をいくつももらい、裏に梅沢富美男のサインをいれて、それかぶって街を歩きましたよ、嬉しくて得意でしたねえ、大して似合いもしないのに。

その帽子は大きさは丁度いいのですが、かぶり方が向こうは小粋で、ぼくはダサイので似合いませんが、黒メガネかけるとぼくでもサマになるので、なにかで舞台トークする時には、梅沢富美男気取りで白とか黒の帽子姿で出演します。これがけっこう受けましてね、自画自賛ですけど。

武生・富美男のご兄弟は実に礼儀正しい方で、歌舞伎俳優などもあたり前ですが、お客さんをだいじにする。というより、サービスかな。楽屋で歓待するには時間がないので、セリフの中にアドリブでその人の名を言ってくれるのです。名指しされると、なぜかスポットがあたる。初めから席番が連絡してあるんでしょうね、照明があたるから立たないわけにいかない。立ってまわりの観客に一礼しますと、

「先生、舞台《こちら》へどうぞ」

と富美男さん。これはぼくが議員になってからの話ですが、舞台上で二人で雑談します。打ち合わせなんかしなくても、うまく話を運んでくれるのでぼくも調子に乗り、何度か舞台に上がりました。最近は目が悪くて芝居も観に行けませんから、こういう機会は全くありません、今後とも。

いっぽう梅沢武生さんは苦労人ですから、ぼくを舞台に呼ぶのではなく、かれ独特の幕間口上の中にぼくの宣伝をしてくれる。うれしいのはぼくだけかも。

梅沢劇団の舞台の話ばかり続きますが、当時は梅沢武生さんが座長。そして副座

長が富美男さんでしたから、構成演出など全部、武生さんが一手に引き受けてやっていました。

いまは、富美男さんが座長で梅沢劇団は全国を公演しています。ただしその回数も、往年にくらべると減少し、劇団の維持そのものがとても難しい時代になってきました。

「だから劇団を維持しながら、梅沢富美男だけテレビ各局にひっぱりダコなんだな。チャンネルどこ回しても梅沢富美男が出てくるじゃないか、お料理、俳句、バラエティ、ワイドショーのコメンテーター、まさに何でも屋タレントでえらい人気じゃないか。最近はＭＣもやってるし」

こんな感じに見えるほど、梅沢富美男さんはいまテレビに出まくってますね。ぼくも時たま見ますが、たしかにカレは忙しい、テレビの売れっ子。でも梅沢劇団は解散してなくて、どこかの大劇場をはじめ、地方公演も着実にこなしていますが、公演収入だけでは劇団が維持できないらしいのです。

「そうか、それで座長が稼いで劇団を持ちこたえてるのか」

という見方も。ぼくの聞いたところ、公演がなくても座員に給料を払うため富美男さんはシャカリキにテレビ出演を頑張ってるそうです。

「梅沢富美男の人気の秘密と魅力はどこにあるか」

こんなスペシャル番組をテレビでやっていてぼくも偶然それを見たんですが、一般視聴者へのインタビューやアンケートで、

「下町の義理人情がわかる、話せるオジサン」

こんな見方が多かった。ぼくの知る富美男さんも義理人情にあつい正義漢に間違いなくて、おまけに人柄がいい、そして時に歯に衣《きぬ》着せぬモノ言いで怒る、正論をズバッという、ぼくはこういう梅沢富美男さんが大好きなんですね。

「いや、あの人は頭いいですよ。才人だし」

と、共通の友人・浅草雷門の、どら焼きでおなじみの亀十《かめじゅう》の島田社長も評してます。

「わたし、ほんとは食べものの商売やりたかったんです。お菓子でもいいし、料理でもいいし」

ご本人もハッキリ言います。芸能人のいわゆる道楽商売ではなく、本格的な食べものの店を、若いころから志向していたらしく、何回か店を出しては挫折したとも聞きますが、その料理好きの腕を活かしてテレビの「料理対決」の番組に出演し、ライブで時間内にスタジオで料理作ってプロと対決、優勝したこともあります。

「その腕をふるう場所がない」

という欲求不満からでしょうか。いま梅沢富美男さんは成人した愛娘ふたりの、お弁当づくりに精だしています。一部がテレビで紹介されてましたが、実にうまそうな、食べたくなる見た目の楽しいお弁当でした。

「料理の腕もスゴイけど、俳句も達者なんだってね。テレビの番組で、かなり評価の高い俳句を作っていたけど」

そう思う読者もいるでしょうが、たしかに俳句の腕もなかなかのものだ、とその道のプロも評価していました。

「でもテレビの売れっ子もいいけど、何といっても梅沢富美男はあの女形だよ。テレビでは流石にやらないけど、舞台では未だに女形で踊る。あれが色っぽくて観客は大喜びですよ。例によって流し目を見せると、客席がキャッと悲鳴をあげますからね」

これは亀十の社長の観劇感想。ぼくもかれといっしょに梅沢劇団の公演をよく見に出かけたものです。

あの女形ですが、もちろん一分かそこらで早変わりするわけですから、いちいち楽屋には戻れませんよね。どうやって女形にパッと変身できるのか、その理由《ワケ》を、ぼくはたまたま現場で見てしまいました。

舞台の袖に大きな鏡台と着がえの衣装が用意されていて、専門の付き人が三人ばかり待機し、梅沢富美男さんが舞台から引っこんできたら、すぐさま早変わりに取りかかるのです。どの劇団でも早変わりはこうやるのでしょうが、富美男さんの場合、男から女に変身ですからね、いくらあらかじめ準備されていても、その手際のいいこと、あっという間に化粧し髪型をなおし、女の衣装に着がえて、梅沢流女形が完成、時間にして1分かそこらだったように思います。

「いつまでも女形を見せてほしい」

と観客は願ってるでしょうが、寄る年波（？）でカレも六十歳すぎましたからね。これからどんな工夫で女形に挑戦するのか楽しみです。

そうそう、ここで思いだしました。梅沢富美男さん、かつては中央競馬の馬主だったこともあるんです。

カレは競馬が好きで、競走馬もけっこう持っていたんですが、

「あたしは馬運が悪くて……」

とよく嘆いていました。というのは、北島三郎さん、佐々木主浩さんや舞台で共演する前川清さんなどは馬運がよくて、かれらの馬は重賞でいくつも優勝できる強い実力馬なんですが、それと比較すると、梅沢富美男さんの馬は何回走っても勝てません。

まさに、馬運悪し、としか言いようがないダメな成績がつづき、ついに富美男さんは馬主をやめ競馬をあきらめ、仕事一筋に切りかえたという話です。一時、ぼくも釣られて、何とかという梅沢富美男さんの馬の馬券を買ったことがありますが、うまくいきませんでしたねぇ。

梅沢富美男さんは古風な人で、未だにお中元お歳暮など義理がたく届けてくれ、ぼくのほうが恐縮していますが、長くなるのでここらで切りあげて次の話題に――。

芝居つながりでいえば、ここで三谷幸喜さんの名が浮かびます。ぼくの夢が叶わなかった劇作の道を、三谷さんは大驀進《だいばくしん》という、実力も人気も当代一でしょう。意外なところに二人の接点があることが、実をいえば立川志らの結婚披露パーティーで判明しました。

三谷さんは大のパーティー嫌いで、めったに顔をだしませんが、立川志らが自らの結婚披露パーティーに出席予定の有名人を一覧表にして頼んだところ、義理でしぶしぶ先生に出席してもらえた、と今になって打ち明け話をしますが、その席にはぼくも招かれ、知りあいとおしゃべりしてました。

そこへ立川志らく（志らの師匠）さんが来て、

「あのう、ご挨拶したいという人がいまして」

というから、ふと見上げると、何とそこに三谷幸喜さんと清水ミチコさんが直立不動で立っていました。

　ぼくはすでに三谷さんの映画やテレビなど見て、「まれに見る才能だ。かれの力量はハバが広くてハンパじゃない」と畏敬してましたし、清水ミチコさんの舞台やテレビなども見ていたから、「器用な芸で工夫がすごいな」と感心しきりでした。

　その二人が挨拶というのだから、何事かと思ってぼくも立ち上がると、三谷さんいわく、

「実は先生の『姓名判断』を愛用させてもらってます。作中の登場人物の名まえ考えるのに、あの本がとても役に立ってますので、ここで一言、御礼を」

　オーバーにいえば、晴天の霹靂《へきれき》。

　清水ミチコさんも、

「いつも舞台見て頂いて」

　とぼくが有料のお客であることを知っているのです。

　単純なぼくはこの席で思わず右手をさしだして握手。

「いや、ありがとう、ありがとう。こんな隠れファンがいてくれるとは」

そのあと何をしゃべったのか思いだせませんが、あのわりと大柄な三谷幸喜さんの直立不動の姿勢は、そのパーティーのちょっとした話題だった、とあとで立川志らくに聞きました。

三谷さんとの縁はこれからです。かれが「ゆうもあ大賞」をもらった時に、景品にでっかい温熱マットをもらったそうで、何とわが家にそれが届いたのです、「冬の寒さをこれで乗りきって長生きして下さい」という伝言とともに。

ぼくは即日、礼状を書きましたが、目が悪いせいで、礼状の字が左へ大きく流れて文面が判読しにくい。原稿用紙二枚の礼状だから三谷さんもよく読めなかったらしく、

「こんな字書いてて、先生、大丈夫なのかな」

とおつきの人に訊ねた、というではありませんか。ぼくは笑うしかなくて、

「この冬もまた使ってるから、安心して」

と伝言したら、朝日新聞の連載コラムのある回に三谷幸喜さんが、

「私の座右の書に、野末陳平さんの『姓名判断』一冊があるが、仕事の時いつもこ

れを横に置いて登場人物の名まえを考える」

こう書いてくれたんです。返礼のサービスでしょうね。これはマジにうれしかったです。『姓名判断』という、かつてのベストセラー本はとっくに絶版してしまい、本屋ではもう売ってません、ネットやブックオフ以外では。

三谷関連エピソードでもうひとつ。

かれの映画にぼくが出演させてもらいたくて、立川志らを通して申しいれたことがあります。

「セリフなくていいから、その他大勢のヒトリに出してくれ」

というぼくに対する返事が、

「いま撮ってるのは『清洲会議』だから、黒メガネの農民や武士はムリです」

この時はあきらめて、次の機会にまた、

「通行人の役はどうですか？　それも目立つ通行人で。そうでなければ、道ばたのホームレス風の人でもいい」

ふざけてではなく、ぼくはなかば本気で三谷幸喜さんに立川志らを通して打診

したのですが、三谷さんは首をひねって
「今さらチンペイさんを出して話題になるかなあ」

話題になんか、なりっこないでしょう、ぼくはもう過去の人なんですから。それでも少しはと期待してましたが、結局オファーなし。吉報はきませんでした。

ところがです。大河ドラマ『真田丸』でチョイ役がぼくにまわってきそうだ、という立川志らの情報。でも今のぼくは引退し、テレビや映画に出ようって気などさらさら無いので、「ムリ、ムリ」と答えておきましたが、どうもこれは志らの過剰サービスの作り話のような気がしています。

ともあれ三谷幸喜作品は、『古畑任三郎』の再放送ふくめ、今でもよく見ています。


クドカンこと宮藤官九郎《くどうかんくろう》さんの話も悪くないですね。

あれは東日本大震災の翌日でしたか。コンサートや落語会などがいっせいに自粛して公演中止をきめた中、立川志らく師匠だけ新富町の銀座ブロッサム中央会館で、落語会を予定通り開催しました。そこへぼくも当日の客席の様子など、この目で見たくて出かけたものです。

「こういう時こそ落語でお客さんを元気づけるべきなんです。それが、あたしの信念です」

と志らく師匠が楽屋で言うので、それも一理あると思ってますと、同じく楽屋にいた青年が、なるほど、なるほど、と志らく師匠の説に肯《うなず》いているのです。ぼくはこの人誰かと思い、師匠に、

「こちらはどなた？　紹介して」

すると志らくさんびっくりして、

「えッ、ごぞんじない？　今を時めく宮藤官九郎さん。クドカンさんですよ」

なんだ、名まえはぼくだって知ってるよ、ととっさに口に出た言葉が、

「いや失礼。クドウさんの名まえは週刊文春で」

もう5年以上も連載ページを持ってる筆者ですから、

「宮藤官九郎の〝いまなんつった？〟あれは面白い、時々読んでるけど」

失礼なこと言ったもんです。クドカンの名は、テレビの『タイガー＆ドラゴン』『木

更津キャッツアイ』などテレビのヒット作で一躍知られた有名人気作家で、最近はNHKの大河や朝ドラで大活躍の作家なのはご存知の通り。でも週刊誌の連載なんてのは若い人は読まないから、これでぼくが古くて時代おくれ、平成でなく昭和の人間だってことがバレてしまった次第です。

この時は師匠にも志らく一門の弟子たちにもかなり白い目で見られたと思いますが、偉いのはクドカンさんで、やはり東日本大震災翌日の落語会なので、客席の様子など気になって観察に来ていて、楽屋でたまたまぼくと未知との遭遇したらしいのです。

「この時の客の反応を見て、そうか大震災を扱ったドラマもあっていいのか、と自信を得てあの『あまちゃん』執筆に踏み切ったそうで……」

これは高座で志らく師匠が解説している話ですから、クドカンさんに直接聞いたのでしょう。『あまちゃん』スタートの裏話としては面白いかな、とぼくは思ってますが、ぼく自身は『あまちゃん』見ていないので、宮藤官九郎さんの名まえをここに出すのも、やや気が引けます。

この話の続きに、永六輔さんの名を置くのは故人に申しわけないですが、永さんは作家より作詞家のほうが有名ですね。ぼくはいっしょに仕事したことがなく、手紙のやりとりぐらいが主でしたが、ぼくの出演した『ムーランルージュの青春』という映画の試写会に、頼みもしないのにわざわざ見にきてくれて感謝してます。別れぎわに、

「永ちゃんいくつになった？」

聞くと、自分の歳言わないで、

「昭和8年」とだけ。

ぼくより1歳下なんですが、階段からおりる時、ぼくより先に下《くだ》りの手すりを占領して、

「チンさんは、まん中おりればいいよ」

ぼくだって下りは手すりが欲しいのに、永さんに先越されました。晩年はクルマ椅子の生活でしたが、人前でしゃべるのが何よりの生きがいで、不自由な言葉を操

りながら頑張ってしゃべってました。

高田文夫さんと組んだ二人会では、冒頭の自己紹介で開口一番なんと言ったと思いますか。

「今晩は。ノズエチンペイです」

これで場内大爆笑です。そこにぼくがいないのに。こういう意表をついた登場の仕方も永六輔流でした。風変わりな人でしたね、異能異才の逸材でしたが……。


そろそろこの章も終わりに近づきました。

ふり返ってみれば、ずいぶん多くの人のお世話になり、そのおかげで今日まで何とか生きてこれました。

「おれの人生は運がよかった。さらにいえば、人運がよかった」

86歳になった今、しみじみそう感じます。特別の才能もなく、また人一倍の努力をしたわけでもないのに、周囲の人たちのおかげでぼくはここまでやってこれたのだ、と最近やっと感謝する気持ちが溢れるようになりました。

「今までは自分の力だけで、これまで生き抜いてきたつもりだったが、そうではなかった。人に恵まれ、周囲の力のおかげだった」

平凡な思いですが、ここらが正直な現在《いま》の心境です。

次章は、ぼくの参議院議員時代24年間の、交遊人物録の一端を思いだしてみましょう。

四章

永田町あの人この人、風雲録

ぼくは繰りあげ当選で初登院がおくれたため、新人紹介を兼ねた本会議は9月でした。ここでいきなり社会党から洗礼を浴びたのが忘れられません。

「ネクタイぐらい、しめてこい！」

ぼくの服装は当時流行の白のタートルネックにブレザーでした。「議員は見苦しくない服装で議場に入ること」と国会ルールにあると聞いていたので、ぼくは深いイミもなく、ノーネクタイで一礼したところ、社会党からこのヤジ。

びびりましたねえ。国会はこわい所だと思うと同時に、まさか初登院の日にヤジを浴びるとは、繰りあげ当選の祟《たた》りかと思いました。

ところがすぐさま反応が。

その夕べ、河野謙三参議院議長からお電話で、「すぐ議長室へ」と。

出かけてみますと、

「キミにネクタイ買ってきたんだ。後輩が恥かくのはイヤだから」

河野謙三さんとぼくは早稲田の先輩後輩。河野さんから頂いたネクタイは流石《さすが》に地味でしたけど、翌日の本会議ぼくはそれをしめ、最前列の席がぼくの議席だったので、これ見よがしに議長に見せました。ゴマすりやがって、というヤッカミの声もありましたが、ここから謙三議長とぼくのおつきあいが10年以上続きます。

早慶戦の応援にも行きました。神宮球場の応援席の最前列に坐り、学生時代に戻ったような勢いで声をからしましたが、10対1で早稲田の大勝利。謙三議長はぼくを突っついて、

「学生たちに、一言スピーチしてやれ」

生まれて初めてのチャンスにぼくは雀躍《じゃくやく》し、

「今日の10点、半分は選手たちの力。あとの5点はキミたち応援団の力だ！」

これが大受けで、謙三議長までが、

「キミ、案外うまいこと言うねえ」

とほめてくれました。当時はチアガールなど、まだ目立たないころ。ぼくは40歳ぐらいだったと思います。

河野さんの参議院議長公邸（永田町にある）にはよく呼ばれたものですが、プライベートの席になると、議長はよく国会のウラを話してくれました。

与野党ともに意地の張りあいが多く、それに議員たちってのは分からず屋揃いで、

「わたしは七三《しちさん》の構えなんだが」

野党七に与党三のスタンスが河野流の名采配でしたが、これが暗礁《あんしょう》に乗りあげた時など、河野さんは夜も眠れない、とこぼしていました。

「歴代一の名議長だ」

という評判を聞くにつけ、ぼくは政治の師と仰ぐようになりましたが、河野議長の在任は6年でした。


中曽根元総理にも、目をかけてもらいました。いまは、大勲位《だいくんい》とお呼びするのが普通ですが、ぼくは自民党入党のおり、渡辺美智雄派に籍を置いたので、中曽根さんは大親分でした。

「大家《おおや》さんとしてはな、キミがいつまでもヒラでいるのは困るんだ」

早く大臣になれ、ってことなんでしょうが、当時の大臣ポストは派閥に割りふられるため、ぼくは興味ありませんでした。中曽根さんは選挙のたびにぼくの心配し

河野参議院議長から
もらったネクタイを
締めて（議長室にて）
（写真提供：毎日新
聞社）

河野謙三参議院議長と早慶戦の応援団席にて

てくれ、陣中見舞いにも来てもらいました。

中曽根さんが総理で、ぼくがまだ野党のころ、ぼくの総理への質問は予算委員会のいつも最後で短いのですが、そのころ中曽根さんが総理として小型間接税の導入を力説していたので、

「総理、小型とはどの程度なんですか。もう少し具体的に小型を説明して下さい」

と質問しますと、中曽根さんはにこにこして答弁席に立ちました。

「お答えいたします。小型とは、大型でも中型でもない間接税のことでございます」

まるで手玉にとられたペーペーのぼくは、「してやられた」という思いをアドリブで、

「タクシーじゃない！」

と返すのが精いっぱいで、予算委員会の場は爆笑に包まれました。

選挙応援にも行きましたが、高崎の繁華街でぼくはさかんに〝外交の中曽根〟を訴えました。あとでご本人から軽い注意。

「キミ、地元のことも話してほしいね、次は」

総理といえども、地元の貢献にふれない選挙は消化不良ってことを知りました。

竹下元総理にも早大の先輩後輩のつながりでかわいがってもらいました。竹下登さんは気さくで、すぐ面会の時間をつくってくれます、10分程度ですけど。

驚いたのは、衆参歴代議員の一覧表を、自ら巻物でつくり、一目で誰がどういう地位を歩んでいるか、この人は次はここだ、というような、いわば国会人物双六をつくっていることでした。

「キミはまだ、ここだ」

実物を広げられ、自分の名をここで見せられて、もっと上に行かなきゃダメかな、という思いを強くしましたが、竹下さんの推薦にもかかわらず、ぼくは宮沢内閣で大臣になるチャンスを逃しました。

歴代総理はみな、少しおつきあいがありましたが、総理公邸にお邪魔したのは、細川護熙さん、海部俊樹さん。

村山富市元総理とは、おたがい引退したあと、九段のラジオ体操の会でお会いしてます。村山さん、老いて尚カクシャクでしたよ。

ぼくが参議院議員になったのは昭和46年9月で、繰りあげ当選でしたが、当時はいまと選挙制度がちがい、全国区には誰でも立候補できましたし、得票順に50人の当選がきまりました。

「見ろ、真打ちは最後に登場する」

と50位でスベリコミ当選した立川談志さんが大見栄をきり、ぼくは52位の落選でした。

ところが社会党の新当選者が直後にひとり亡くなり、第51位の人が繰りあげ当選。

「あと一人、何とかなれば…」

というのが51位に繰り上がったぼくへの、からかい九割の応援でしたから、

「陳さん、こうなったらワラ人形作って五寸釘うとうじゃねえか」

すでに議員バッジをつけた談志新議員が、面白そうに言うけど、法律では開票・当選決定後3か月以内に新議員が辞退または退任すれば、欠員で下位の一人が繰り

上がるというキマリですから、五寸釘やワラ人形持ち出しても無意味です。

ぼくは、おのれの実力不足だととっくにあきらめ、大阪朝日放送制作のテレビ番組の収録に向かっていました。局に着いたら人だかり。ぼくの到着を待っていたようなのです。中の一人が、

「繰りあげ当選になります」と。

信じませんでしたね。

スタジオに入るや空気が一変。また一人亡くなって、52位のぼくが繰りあげ当選ときまったことが確認できました。

帰りの飛行機が羽田に着いたらマスコミ陣の大きな輪が出来ていて、その時はじめて、これは真実なんだ、と実感しました。

それから当選証書もらうまでの経緯はもうよく覚えていませんが、数日後、立川談志さんに会ったら、

「陳さん、やっぱり、やりやがったな」

と五寸釘をうつ真似をしたので大笑い。

でもこれでぼくも議員バッジがつくと思い、

「めったにないことが起きた。オレは悪運が強いのか、ただの偶然なのか……」

そう思いましたが、悪運の強さ（？）はのちに「税金党」というミニ政党を立ちあげた時もそうでしたし、自民党に入って、いきなり税制調査会の副会長、そして大蔵委員長になれたのも悪運、というより運の強さでしょう。


こんな自慢話はキリがないので、永田町人物録に戻りますと、当選後ぼくが所属したのは、市川房枝さんのいた第二院クラブ。青島幸男さんもここにいたので、何となく当選直後にここへ所属しました。

「青島さんには立候補をすすめてくれた義理があるし、選挙のクルマも貸してもらったし」

理由はこんなところですから、何年か先にぼくが河野洋平さんの「新自由クラブ」を応援したことがキッカケで、突然ぼくは一方的に二院クを除名になりました。

「なんだ、理不尽な。本人の弁明もなしに、いきなり除名はおかしい、抗議撤回させろ。これじゃ民主主義が泣く」

新聞記者が応援してくれましたが、ぼくは除名を受け入れました、文句もいわずに。

というのも二院クという存在、主義主張も政策もない親睦団体で、質問時間と控え室をとるためだけの無所属グループだった。その実、社会党とべったりの関係で、その手先になるような動きが少なくなかったのでぼくはいや気がさし、

「いつか手を切って、もっと自由にやろう」

と思っていたからです。

青島幸男さんは知恵のある人で、自己顕示とマスコミに目立つことばかり考える天才でした。男めかけ発言、選挙運動をしないで海外視察（？）、金丸信辞任勧告の自動車内立てこもり、今でいう見え見えのパフォーマンスの数々が有名ですが、政策的には立場が不明なので、ぼくとは政策の話をあまりしませんでした。

横山ノックさんも、新幹線のエビフライがまずいとか、佐藤栄作総理を〝栄チャ

ン〟と呼んでみたり、質問の発想がたしかにユニークでしたね。

ぼくは二院クを離れ独自路線を歩むため、新聞の社会面で扱われるような話題に目をつけました。幸い、有能な海江田万里クンという秘書がよく務めよく働いてくれたので、新聞面ではヒットを次々と飛ばし、遂に田中金脈追及でいちおうの成果をあげるまでに至りました。

それまでは医者の必要経費問題、建設省地下のゴミあさりから業者の名刺つき洋酒カラ箱事件、その他あれこれ、どれも新聞記者をよろこばせる程度の追及ネタでしたが。

田中金脈追及の口火を切ったのは、たしかにぼくの代表質問でした。

「田中総理、あれだけ広大な目白の土地、私物化していいのか。今後どうするのか?」

思わぬ反響がテレビや新聞であり、ここが田中金脈追及のスタートになります。

角栄さんとは個人的なつきあい全くなし。

むしろ角さんの片腕といわれた早坂茂三さんとは早稲田で知りあった友人で、早坂さんがまだ東京タイムズの記者だったころは、ちょくちょく会っていました。ぼくは新宿のストリップ劇場に関係があり、かれは淀橋署中心にサツまわりやってましたから、

「たまにはストリップの楽屋のぞきたい」

という早坂さんの要望で楽屋に案内し、ストリッパーたちといっしょに出前のラーメンを食べたのですが、後に政治評論家として独立した早坂茂三さんの思い出話には、

田中金脈追及（参議院２期目）

「あの楽屋で食ったラーメンはうまかった」

必ずこれが出てきます。

田中金脈追及の時は早坂さんの助言などはもちろんなく、やめてくれ、という制止の要請もありませんでしたから、ぼくはマイペースで田

中金脈追及に精力を傾けました。

野党としてのぼくの追及手法ですが、海江田万里クンが調査事項をまず図表に作成し、これをぼくが予算・決算委員会で追及のネタにする、この二人三脚で少なくとも社会部の記者たちから、やっと一目置かれる存在になりました。

「次はどんなネタが飛びだすか」

と記者たちがぼくの国会質問を心待ちにしていたことを覚えています、とくに田中金脈追及が注目されましたが。

図表を示しながら追及する手法は、野党質問では現在《いま》あたり前ですが、あれはぼくと海江田クンがはじめて活用した追及法で、当時は手書きです。だから価値があったでしょうが、最近はクロウトの作るパソコン作成が多いようです。

「キミの金脈追及もそろそろ終わりだね。わたしの勘では、角さん近々辞任するよ。もうバカバカしいと怒っていた」

と河野謙三さんに教えられた数日後、角栄さんは辞任し、やがてロッキード事件で逮捕されます。早坂茂三さんはとことん親分を守りましたが、田中真紀子さんと

参議院本会議における
代表質問

3・19決算委質問資料　　野末陳平

休暇の官民格差ーこんなにある地方公務員の不法不当な休暇

(1) 夏季休暇の官民格差

	採用割合			日数	年休との関係
民間	57年調査 65%			57年平均 4.3日	平均4.3日のうち0.3日は年次休暇をあてている
公務員（地方公務員）	都道府県 53%	指定都市 89%	市 78%	東京23区職員 一律 10日	年次休暇とは別わく

57年12月31日現在、自治省調べ

※ 国家公務員には制度上、夏季休暇は与えられていない。

(2) 不法不当な地方公務員の特別休暇　（%は、自治省調べ）

休暇の名称	内容	採用割合			日数
出産補助休暇（ますらお休暇）	妻が出産のとき男子職員がとる	都道府県 53%	指定都市 100%	市 63%	2~3日
看護休暇	家族に病人やケガ人が出たときにとる	ほとんどの団体で採用（東京23区ではすべて採用）			3~5日
予防接種休暇	子供の予防接種介助のためお母さん職員がとる	ほとんどの団体で採用（東京23区ではすべて採用）			1回につき半日 年3回 4日
授業参観休暇	子供の授業参観出席のためにとる	かなりの団体で採用			1~2日
選挙休暇	地方選挙、総選挙、参院選挙の投票日翌日以降とる	東京渋谷区ほか数団体で採用			1~2日
妊娠障害休暇（つわり休暇）	妊娠した女子職員がつわりに苦しむときとる	都道府県 68%	指定都市 44%	市 24%	6~14日

※ 国家公務員にはこれらの休暇はない。民間企業にもこれらの休暇はない。病気休暇や年次休暇をあてるのが一般である。ただし、つわり休暇については一部の企業で採用されている。

当時は手書きで
資料を作成した

波長があわなくて秘書を辞任し、評論家として独立し、すごい売れっ子になりました。

ぼくが大正大学の教授に転じた、平成10年ごろ、学生たちへの特別講義に早坂さんを呼びました。かれの話はバカ受けで、学生時代に共産党と活動したことや若き日の新聞記者時代の苦労話など、楽しげに講義してくれました。

「陳チャン今度はおれが奢《おご》る番だ」

早坂事務所を訪ねるたびに、かれはごち走してくれました。

「ストリップ小屋で食べたラーメン、あの味は今も忘れない。あれは、うまかったなあ。あのころオレは貧乏でカネがなかった」

いえ、新聞記者ならずとも、昭和30年代前半のサラリーマンはみんなお金がなくて四苦八苦でした。

「あの時代はよかった。誰でも好きなことやらせてもらえた。昭和40年代には、陳チャンだって田中金脈追及やれたしな」

ここで早坂さんは大笑いして、「しかし」と続けます。

今は亡き早坂茂三さんと。「文藝春秋」(1986年1月号)の「同級生交歓」での1枚（写真提供：文藝春秋）

「年とったら居心地のいいところで、好きな仕事やるのが一番だよ。若いときの苦労は買ってでも楽しいものだが……」

時にしみじみと早坂さんは言いました。ぼくより1歳上だったかと思いますが、老後の生き方についていろいろとヒントをもらいました。こういう話も天下の角栄さんの晩年を見ているからだ、とその度に、なるほど、とぼくは感心したものです。

田中金脈追及が一段落し、ぼくは三期目に挑戦する選挙の準備に入りました。第二院クラブと縁が切れたぼくは、新自由クラブに近い立場でしたが、参議院だから選挙は自由でした。新自クの全国区で出る案もありましたが、選挙法が変わって全国区は比例代表で順位制となり、

「新自クの第1位は大石武一氏だから、キミは第2位でどうかな」

という要請が新自クの側からありましたが、この時ぼくの頭にひらめいたのは、

「全国区より東京地方区がいい。そのためには新党を作って冒険してみよう」

そう思い立ち、一人だけのミニ政党「税金党」を結成しました。仲間は誰もいま

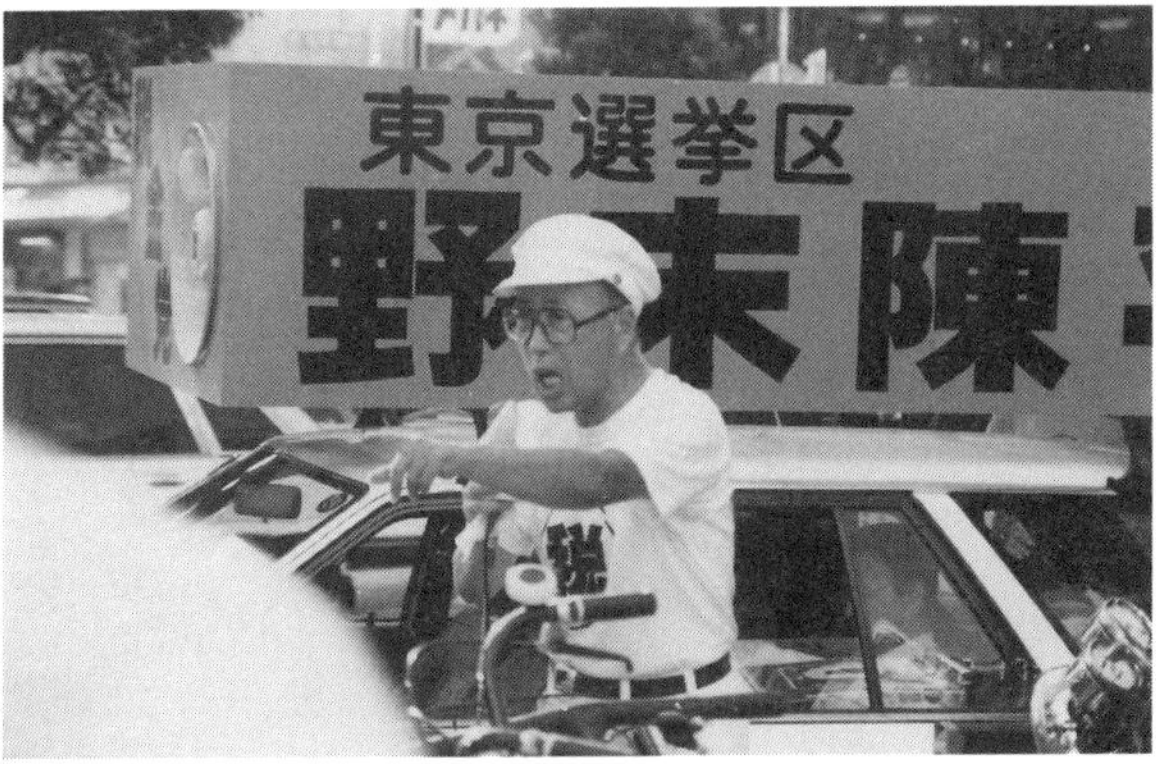

税金党で東京選挙区より出馬

選挙用ハガキ

せん。新自ク代表の河野洋平さんにその旨を告げ、

「東京地方区・税金党野末陳平」

こうきめましたが、東京はぼくだけでいいとしても、どうせなら全国比例にも候補を立てなければ勿体《もったい》ない。そこで昔なじみの都議をかつぎだし、比例代表でも税金党は十人の候補者を立てました。

自慢になるので気がひけますが、この時の選挙は翌日の開票直後（当時は即日開票ではなかったので）、ぼくの当選が確実となり、結果は東京地方区の第1位で開票が終了しました。

「専門家やセンキョ予想屋はチンペイを泡沫候補扱いで落選ときめていたのに、よくもトップ当選できたな」

と友人にからかわれましたが、ラジオによる税金啓蒙活動が役だったのかな、と自分では分析しました。マスコミによれば、

「歩行者天国にマネキンを税金人形にしたてて、香具師《ヤシ》ばりの演説したのが意表をついて効果をあげた」という評価でした。

この時の選挙は横山ノックさんも大阪で第1位でした。無所属・無党派に票が集まる風潮があったのかもしれません、選挙は風と空気ですから。

このあと、四回めの選挙に当選してからぼくは税金党を人材難と資金難で解散し、自民党に移ります。悪口の大合唱でしたね、あの時は。

久米宏さんも大橋巨泉さんも、自分の番組でこてんぱんにぼくを叩きました。反自民、反権力を表にだすのが今も昔も変らぬタレントのウリですが、巨泉さんなど、自分がやがて選挙に出て、思うように動けなくてすぐ投げだす醜態《しゅうたい》を演じましたから、人の悪口は言わぬが花です。

上岡龍太郎さんもぼくの悪口をテレビでしゃべりまくりましたが、出演していた梅沢富美男さんが上岡に一発、

「あたしの友だちの悪口いいなさんな。あたしはここに座ってらんないよ。どうするの⁉」

流石《さすが》の上岡さんも黙りましたが、途中から自民党に入ればケチつけられるのが世

の常ですから、腹を立ててもしようがない。ぼくは自分流に政界を泳いで、政界渡り鳥とも悪口いわれました。

「そういえば自民党にはいい友だちがいた」

今でも思います。古くは今東光さん、天台宗の僧侶で瀬戸内寂聴さんの師ですが、この人は豪快でした。自民党1年生で自由にモノが言わせてもらえない時代、その腹いせかどうか国会の野次将軍で通っていました。

年輩の読者おなじみの深夜国会、あれは社会党の牛歩《ぎゅうほ》戦術が名物でしたね。深夜国会で採決に入ると、議場が閉鎖《へいさ》となり採決終了までトイレにも立てません。用意のいい人はビニール袋など用意したものですが、まずいことに老齢の議員が、社会党の牛歩戦術中に倒れてしまったのです。

流石に全員、あわてましたね。

「医者はおらんですか。誰かこの中にお医者さんは？」

と社会党の幹事が議場に呼びかける。寂として答えなし。牛歩やめろ、のヤジもある中、

「人命に関わることです。どなたかお医者さんは？」

この悲痛な叫びに、一隅にて声あり。

「医者はいねえが、坊主ならここにいるぞ」

この大音声《だいおんじょう》が今東光センセイでした。


二階堂進先生とも、おつきあい頂きました。

「わしの趣味は田中角栄だ」

と豪語するほどの鹿児島人ですが、ぼくの田中金脈追及の時など、お会いした折も一言も註文つけずに、

「政治はわが道を行けばいい」

とのみ。まさか角栄さんが辞任するとは想像もしなかったのでしょう。

ある日、ホテルの一室に呼ばれて、客用の椅子に坐ると、まだ人の尻の温《ぬく》もりがある。

「そこにはさっきまで、公明党の矢野（絢也）が来とった」

さりげなく二階堂さんが言うものだから、ついナカミを聞きたくなると、

「なに、ヒマつぶしの世間話だ」

実はこういう密談の席が昔は面白かったのですが、今は携帯やメールなどで秘密事項を交換するので、取材の事情などがサマ変わりとか。

二階堂進さんは大のプロレス好き。いっしょに観戦したこともありますが、先生がご満悦なのは、プロレスラーたちの肩車でリングサイドを一周することです。ぼくは囃《はや》したてるだけの茶坊主的存在にすぎませんでしたが、これが縁で後にぼくが、新日本プロレスのコミッショナーになる流れになるのです。

こうして見ると、お世話になった方の多くが故人となられましたが、現役では何といっても、小池百合子都知事を外すわけにいきません。


小池さんは参議院初当選の時から印象に残ってます。

ぼくのほうがやや先輩なので、カノジョが挨拶に来てくれたんですが、その姿が何と、サファリルック。たしか初登院の日だったか、初本会議の時だったか、ほか

の女性議員とはまるで違う趣きなのです。

「あれッ、それサファリルック？」

ぼくが不審げに尋ねますと、小池さんはこう答えました。

「ハイ、永田町には猛獣や怪獣、珍獣が多いと聞きますので」

「そうか、その妖怪変化を退治するためか」

言わずもがなのセリフをかぶせると、彼女はにっこりして、

「これも話題作りですから」

と答えたものの、小池百合子さんのサファリルック登院はその時さほどの話題になりませんでしたが、このパフォーマンス感覚がいまの都知事の仕事ぶりにつながっている、とぼくは思ってます。

都知事になってからの、小池流うけ答えのうまいフレーズ、タイミングを得た話題づくり、小泉流といわれる仮想敵または悪役のつくり方、いずれも誰もが文句つけようのない、機を見るに敏なパフォーマンスは読者ごぞんじの通りですが、こういう受けるアイディアや勝負勘のよさなど、万事が初当選時のサファリルック戦法

に原点があるのではないでしょうか。

とりわけぼくが感心するのは、都知事選出場時の、

「女ひとり大きな敵に立ち向かう」

この姿勢と度胸のよさ、これこそが大量得票の原動力だった、ということ。小池政治塾とか新党結成ネタなどもマスコミを動かす絶好で巧妙なアイディアで、ここらの知恵と発信に舌を巻く人も多いでしょう。

ただし政治ってのは、口でいう程うまくはいきません。まずは都知事として、チミモウリョウの都庁大改革の実績を積みあげ東京大改革の成果を上げていくことが第一の使命で、話題先行や強弁が鼻につきだすと、きつい批判や反撃がマスコミでも徐々に露骨になっていくでしょう。

「いずれ化けの皮がはがれるさ」

と意地悪く見通す都庁幹部もいますが、政治はしょせん権力闘争です。これまでの小池百合子さんは、その時その時の権力者にすり寄って野心を達成してきましたが、これからは自分が権力者ですから、独自の道を爆進または暴走するしかありま

せん。

「政界渡り鳥」とヤユされ、「日本初の女性総理」を目ざすといわれる小池都知事ですが、さてどうなるか。平成29年10月の総選挙では、電撃的に新党「希望の党」を立ち上げ、天下を狙う勢いでしたが、えらそうな失言を連発して急失速、その結果は、本人曰く〝完敗〟で恥をさらしました。

ぼくの見るところ、彼女は〝策士〟。策に溺れるというタイプなので、まずは都知事の仕事を〝堅実〟に務めるしかないと思います。総選挙は、陰に陽に、きびしい逆風が吹いているようですから――。

その小池百合子さんを通じて細川護熙（元総理）さんにすすめられ、日本新党から政界入りしたのが海江田万里君です。

海江田君は慶応大学を卒業してすぐ、ぼくのところで秘書となり、ほぼ20年間ほんとうによく務めてくれました。

秘書業のほか、マスコミ関係の仕事も手伝ってくれたので、かれとの連名で週刊誌の特集記事を書いたり本を出したり、テレビにも二人で番組を持ったりもしましたが、何といってもぼくの国会質問の準備にはなくてはならぬ存在でした。

「野末陳平は秘書がいいから、委員会で質問に立てる。いわば海江田でもってるようなもんだ」

と親しい新聞記者によく言われましたが、文句も言わずにいい仕事してくれたのは事実です。ぼくが少々怒っても、口答えひとつしませんでした。

「来週の総理質問の原案、作っといてくれ」

かれが書いてきた原案のゲンコウを、ぼくの虫の居どころが悪かったせいか、ざっと目を通したあと、

「こんな内容でやれるかッ」

怒ったぼくは、ゲンコウをかれの目の前でビリビリに破って捨てたものです。それでも海江田君は我慢して、破られた紙きれを黙々と拾い集めていました。オレは器が小さいな、と思いましたが、いつも通りにぼくはすぐ次の仕事に。

海江田君が有名になってから、たしか大臣を経験したあとだったと思いますが、

大正大学で一般人向きに、「陳平☆海江田の漢詩講座」を二人会の形でやったことがあります。

講座後のトークの中で、海江田君の口からこのゲンコウ破られ事件の話が出て、ぼくはまったく忘れていたので、

「えッ、そんなことあったっけ？」

と聞き返すと、

「ありましたよ。これじゃ駄目なんだな、と思ってひたすら耐えましたけど」

聴衆が笑ってくれたのでぼくは助かりましたが、これに似た秘書いじめ事件は他にもいくつかあって、いま思えば、海江田万里君はよく我慢してくれて、20年もわがままなぼくに仕えてくれた、と感謝してます。

ぼくの引退後、海江田君はおもに民主党で活躍しましたが、いまだに年に何回かは会ってます。昔話なんかせず、もっぱら政局の話が中心ですが、政界を去ってもう20数年を数えるぼくとしては、いつもかれにおせっかいを焼きます。

「政界は、いや世間は、ねたみ・ひがみ・やきもちの坩堝《るつぼ》だ」

ここまでは常識かも。人生そのものがこの通りですからね。でも永田町には、この三つのあとに、続きがあります。

「政界は、ねたみ・ひがみ・やきもちの坩堝だ。それに、裏切り、だましあい」

海江田君は笑って聞き流しますが、ぼくの在籍した20年以上も前と現在《いま》では、永田町事情もサマ変わり、政界常識にも雲泥の差がありそうですから、ぼくもお説教じみた話は絶対しません。でもぼく自身はたまに、議員をやめるに至った心境などを思いだします。

ぼくも一時は、上を目ざして頑張ろうと野心を少し持ったこともあるのですが、根がお人よしのぼくは、永田町の権力闘争のすさまじさについていけません。

「永田町は、いっしょにめし食うことと、贈りものをナニにするか、これがだいじ」

先輩議員から、自民党出世術を耳にしてはいますが、ぼくはゴマスリが不得意で、何事にもあきらめが早く粘り腰ではないので、政治の世界は疲れちゃって野心が長持ちしないのです。しょせんは、上の地位が遠いのですね。

「ウソつきもだめだが、正直すぎてもだめ。虚実取りまぜ、ほどほどのところをうまく泳ぐのがポストをもらうコツだよ。陳平クンのように、人がいいだけじゃ、この世界は渡れん」

と解説（？）されたこともありますが、それに近いのが事実ですから24年間やったあと議員をやめました。マスコミでは通用しても、政界ではぼくの流儀は通用しなかったってことになります。

それに比べると、海江田君は民主党の代表も務めたし、大臣にもなってぼくを喜ばせてくれました。

今回、平成29年10月の衆議院選挙では接戦ながら返り咲きました。

議員ってのは落選中がことのほかきびしくて、まったく無収入になりますから、政党助成金だけを頼りに地道な選挙活動を続けるわけで、第三者のぼくは何も手助けができなくて心配ばかりしていました。

幸い小選挙区で当選してくれたので、比例の復活よりは評価できますが、衆議院というのは数年でまた選挙があるので、まさに〝常在戦場〟です。当選の翌日からもう駅前で街頭演説する議員さんも少なくありません。

「議員ってのは、当選したら天国、落選したら地獄だね」

これが永田町ではあたり前です。いやいや人生万事、〝勝てば官軍〟ですけどね。

永田町の権力闘争といえば、その裏側を熟知しながらもそれに巻きこまれず、飄々恬淡《ひょうひょうてんたん》として生涯を全うした塩じいこと塩川正十郎さんにも、ぼくは教えてもらいました。

自民党税制調査会の会長が塩川先生、副会長のひとりがぼくでしたが、税調の席ではいつも隣りどうしでしたから、自民党議員たちが交代にそれぞれ税制への要望や主張・批判などを発言するたびに、耳もとで、

「あれはどこどこ省の代弁者」とか、「どこそこの組織に言わされてるんだよ、今日は同志の傍聴人がいっぱいいるから」とか、発言の背後の利害関係を説明してくれました。ぼくは、発言者と族議員や選挙母体との関連などがわかり、

「なるほど、だから似たような意見が続出するんだ。これも自民税調の一面だな」

けっこう勉強になりました。野党にいては何ひとつわからないナマナマしい政治

の裏側が、与党では手に取るようにわかります、税制に関わる一部の話にしか過ぎませんが。

また塩川さんは、耳元でささやくと目だつような場面では、それをメモにして渡してくれ、それでぼくが事情を察知できるように配慮してくれました。自民税調というところは、議員たちの発言をまともに聞いちゃだめで、そのウラ事情を知った上で、税制改正にそれをどう反映させるかが、税調幹部たちの仕事だったように思います。ただしこれは一昔前の話で、今は自民と公明が与党税制調査会やってますから実情はわかりません。

ここで塩川正十郎さんの名言を思いだします。

「（特別会計というのは）母屋《おもや》でおかゆをすすっている時に、離れでスキヤキを食べてるようなもの」

これは財務大臣時代の国会答弁でした。予算委員会で、「特別会計にはカネがだぶついているのだから、それを回せ」という主旨の野党追及に応じたもので、暗に特別会計の浪費を皮肉っていました。

「塩じいがまた暴走した」

といった表現をマスコミはよく使いましたが、暴走でなく、正論を素直にいう政治家でした。塩じいの本心は、政治家や官僚がほんとは嫌いだったのかも、なんて思ったりもします。

唐突ですが、ここで別格として、世界のホンダ・本田宗一郎さんの話になります。本田さんは政治家と官僚が大嫌いで、「日本の連中はだめだ、世界じゃ通用しない。そういう政治家や官僚ばっかりだ」というのが口ぐせでした。

本田さんとぼくは同郷なんですが、いま浜松市、以前は引佐《いなさ》郡といわれた所の出身。どこか近寄りがたい雰囲気があって、

「あの人は気むづかしい」

そんな評判も聞いていたせいか、知りあってから親しく話しあえる間柄になるまで時間がかかり、ぼくが本田さんに接していた期間は、現役を退き最高顧問という立場にあった晩年の10年間ぐらいです。

「お兄《にい》さま（と本田さんはぼくのことを呼ぶ）は政治家の匂いがしないからいい」という感じでやっとそばに寄せてもらえたものの、最晩年は、一時、出入り禁止となって会ってもらえませんでした。理由はぼくが自民党入りしたことで本田さんを怒らせてしまった、これ以外にはありません。

本田さんは政治家のパーティーが嫌いで、招待されてもめったに顔を出しません。ぼくたちと会食している時なども、ちょうど総理出席のパーティーがあったので、同席の親友・山崎卯一《ういち》さんが、

「本田のお兄《にい》さま、たまには顔見せてやれや」

と水を向けても、

「挨拶させられるからイヤだ。それにホンダの車を政治家は誰も買ってくれん」

なんて冗談で笑いとばす始末。

若いころはさんざん芸者遊びして、好き放題にふるまっていた、とご本人が述懐していましたが、怒りっぽいのも有名だったらしく、社員をどなりつけた例話をぼくに何度か話してくれました。

「あの頃は若かったでな。平気で社員にビンタ食わせたこともある、ほかの社員たちの前で。そりゃ、オレも元気あった」

と本田さん自身が白状した話を紹介すれば、何かの失敗をしでかした部下を仲間の前で叱り飛ばし、いわゆる面罵《めんば》ですね、口だけじゃすまなくて、つい手も出てしまった、それがビンタだったそうで、

「そんなことしたら、社員やめるでしょ？」

ぼくが口はさみますと、

「そりゃオレも悪いと思うから、あとでそいつを夜の食事に呼ぶわさ。奴《やっこ》さんまだ叱られるのか、と思ってくる。ここで謝るんだよ、オレは」

ここからが本田流らしく、「昼間はすまなんだ、キミだけをかわいそうな目にあわせた」と頭をさげて陳謝し、

「キミが憎くて、したんじゃない。ほかの社員全部を怒ったつもりなんだが、キミだけに恥かかせた。犠牲になってもらったんだ。全員集めてのお説教じゃ、ホンダイズムが伝わらんからな。ほんとに今日は悪かった」

身ぶり手ぶりが加わるから本田さんの話は大げさに聞こえますが、ビンタされた社員はここで感極まって泣く人もいたとか。こういう叱り方は日常茶飯事だったらしく、

「そうだったのか。よし、一生この人についていく」

と酒をくみかわしながら、会社の話をあれこれぶっちゃけて話す。これでまた一段と上下の距離が縮まるわけで、ぼくはこれが本田式の部下操縦術かとはじめ単純に受けとっていたのですが、後日マジに、本田さんが部下をどなりつける場面に同席し、

「そろそろやめてよ、長すぎるよ」

途中で止《と》めたくなるくらい、本田宗一郎という人は怒りだしたら止まらない、年をとってもそういう部分があったことを、現場でまのあたりにしたことがあります。

あれは浜松のホンダ工場での出来事でした。

天皇陛下が工場見学においでになるにあたり、応接関係の一帯を改装する工事が終わった直後だったかな、本田さんのお伴でぼくも浜松製作所に寄りまして、新装

されたところを見学させてもらったのですが、いきなり、本田さんが怒りだしたのです。

「所長を呼べ。責任者みな集まれ！」

わけがわからないながら、本田さんの剣幕にぼくまで驚いて、何事かと一同が集まる。本田さんは全員を一喝したのです。

「あのトイレは何だ？　使ってみた奴おるか」

誰も無言です。天皇陛下用に新しく作られたトイレだから誰も使用してません。

本田さんの怒りの原因は、

「あのトイレは臭《にお》いがこもる。臭いの逃げ場がない。クルマ作るプロがそれぐらい分らんのか。誰も気がつかなんだのか！」

そこから車とトイレの関連で本田理論が始まったのですが、長い長い、誰も一言も発せず、緊張して立ちっぱなしのまま30分以上でしたね、本田最高顧問の話をみんな無言で拝聴してました。

あとの予定時間が迫っているので、本田さんの膝をたたき、目配せしたんですが、

ホンダ狭山工場で工場長の説明を受ける。
左から本田宗一郎さん、工場長、チンペイ

まったく反応なしでお説教は続き、トイレと車の関連から話は次世代クルマの構想にまで飛んでしまう展開に！

ぼくがメモで次の予定を見せると、やっとそこで終わるかと思いきや、

「責任者はもうホンダにいらん。あんなトイレは天皇陛下に非礼だ。所長は今日でホンダをやめて、どこかへ行くんだ！」

ここらでやっと収まるわけですが、同席していたぼくは、怒ると本田さんはマジにこわいと痛感したもので、にも拘わらず後日、ぼくもまた本田さんを怒らせて出入り禁止にされてしまった。これで

すから、ぼくも他人のことは言えません。

この実例には後日談があって、この時どなられた所長が、のちに本田さんとぼくが関係するゴルフ場の理事長になるという縁が生じ、

「あの時はほんとに慄《ふる》えましたよ。わたしが所長で、まさかトイレの件でクビだと怒鳴られるなんて」

と昔話を懐かしそうに話していました。そういえば、トイレ事件のあと、ぼくたちは本田さんのヘリコプターで、造成中のゴルフ場を見学に行ったもので、そのゴルフ場は、「レイク浜松カントリークラブ」といい、いまも営業中です。

本田宗一郎さんについては、評伝も研究本も多く出版され、その人となりも読者ごぞんじかと思うので、ぼくの接した範囲での本田像を次に少し書いてみましょう。

本田さんの下落合の広大なお宅には、庭に池があって毎年、鮎釣りのパーティーがそこで開かれるのが恒例でした。招待されるのは限られた身内関連の人ばかりですが、そういう席での本田さんは各テーブルをマメにまわり、世間話の相手をするホスト役を、晩年は楽しんでいました。

ご婦人がた、たいていはご主人と同伴の奥さまですが、女性に対しては、冗談いうほどのサービス振りでしたものね。

浜名湖のそばの、地元では有名な天ぷら料理店によく連れて行ってもらいましたが、ここでは接待役の女性従業員たちが、待ってましたとばかりに食後の本田さんに色紙を所望するのです。外ではめったに色紙なんて書かないのに、この天ぷらのお店では二階座敷に陣どって、何枚も何枚も書きます。

一枚あたり5分ぐらい掛かります。というのもただの色紙ではなく、本田さんは絵を描く、それも花。季節によってその花が違うので、それで女性たちが待ってました、とばかりに色紙のおねだりにくるのでしょう。

「ああ、いいとも。何の花が好きだね？」

と相手に聞きながら上機嫌で筆を走らせる本田さんは、

「ちょっと、口紅貸して」

といいながら、赤で濃淡をつけていろいろな花を描きます。そこへ本田宗一郎のサインが入るわけだから、女性たち喜ばぬわけがない。

その場は本田さんが主役で、ぼくなど羨《うらやま》しく傍観しながら墨をするのですが、おれも絵ごころがあったら、と無芸無趣味の自分を情けなく思ったものです。

最晩年、本田さんは毎日、どこかの山に写生に出かけていました。たまには連れていってくださいよ、と頼んでも絶対だめで、

「ひとりでスケッチするのが楽しい」

と大きなスケッチブックを見せられましたが、そこには雄大な山の姿や花の絵が何枚もあり、李白《りはく》の詩の、

「独り敬亭山《けいていざん》に坐《ざ》す」

衆鳥《しゅうちょう》高く飛んで尽き
孤雲《こうん》独り去って閑《しず》かなり
相看《あいみ》て両つながら厭《いと》わざるは
只《た》だ敬亭山有るのみ

あんな心境を感じさせるような情景でした。

本田さんはどんな美食よりも、おこげご飯が好きでしたが、どこのお店も今どき、

おこげなど作ってくれないので、うちの妻がやっていた和食料理のお店にくるたび、

「ママ、おこげ頼むよ」

おこげの特注です。

「子どものころ、オレはこれが好きでなぁ」

とうまそうに食べ、チップを置いていくのですから、美食よりも高いおこげ代です。ぼくも一回、おこげご飯のお相手したことがありますが、おこげはそれ程うまいとは思いませんでした。

本田さんに親しくしてもらうキッカケは、経済講演会でぼくが前座をやり、本田さんがメインの講演をした時なんですが、

「政治家の匂いがしないからいい」

と前にも書いた通り、そういう評価を得ていたのに、自民党へ入ってしまったせいで、それからもうしばらく会ってもらえませんでした。お恥ずかしい話ですが、そんなぼくがこの場所で本田さんの思い出を書くのは失礼になるかも、と心配しながら、ほんの一部、世界のホンダ・本田宗一郎の素顔を書かせてもらいました。

ほかにも、触れておきたい政治家とのエピソードなど、いくつもありますが、24年も参議院議員をやっていたせいか、今はもうすべてが夢まぼろしの遠い遠い世界で、多くは思いだせません。

五章

余生は立川談志中心で気ままに生きる

ぼくも86歳だからもう余生《よせい》。残り時間が少ないから、夢や希望なんてのはありません。余生は、人生のお釣りです。

友人知人も順不同にずいぶん新陳代謝しました。晩年の親友といえば、立川流家元の立川談志、この師匠を中心にぼくの余生は転がっているように思います。

談志という人はぼくにいわせると、

「天才と狂気の間を、振り子のようにゆれ動いた人」

こんなイメージです。モノもらったら礼状はすぐに書くし、街でサイン頼まれてもイヤな顔せずに色紙でも広告のウラでもサインして平気だし、庶民的なところが豊富なんですが、場所によっては、普通でない人間になってしまう。

病院に行く、待ち時間が長いと、早くしろとヤジ飛ばす。これはあたり前（？）として、いよいよ順番がきて呼ばれますね、わざと出ていかない。

「松岡さん、松岡克由《かつよし》さん、どうぞ」

看護師は保険証見て呼ぶわけですから、ここで談志さんは本名呼ばれた以上、ハイ、と出ていかなくてはいけないのに、それが、行きません。

息子の慎太郎さんに聞いた話ですと、これも談志伝説のひとつなんでしょうが、

「おやじはつかつかと看護師のそばへ行き、いま何と呼んだ、松岡？　ちがう。オレは立川談志だ。呼び直せ！」

と文句つけるらしいのですが、保険証には本名の松岡しか書いてない、これがまさか天下の立川談志とは。

そういうトラブル（？）が病院に行くと日常茶飯事とか。医者の前に行っても、

「あんた、オレの体の隅々がわかるのか。自分のことはオレが一番よく知ってるんだぞ」

とむしろ医者にクレームつける患者だから、医者も扱いに困って、診察拒否（？）。

「こんなことが何度かあって、そばで聞いてるわたしの方が恥ずかしかったです」

と息子は述懐してました。

そう言えば、「オレより頭の悪い奴が作る料理に、美味い料理がある訳ない」ともほざいていました、本人グルメでもないのに。

「談志は必ず時間におくれてくる」

という伝説が定着し、主催者は師匠の姿を見るまで戦々恐々としてましたし、師匠の前に上がる弟子たちも舞台袖を見ながら、

「まだ来てないようですから、もう少し、つなげ、ってことで……」

これをギャグにしてましたが、談志師匠がマジに公演におくれたのは一回か二回。それがいつしか伝説化されていたわけで、ぼくといっしょに楽屋入りした時など、わざと客席のうしろで、まだ時間前なのに、

「早くあけろ。時間だぞ」

こんな茶目っ気がありました。談志さんとはかつて新宿松竹文化演芸場で会って以来、後年までつかず離れずの交流が続き、とくに晩年においては、

「談志と陳平は、晩年の親友」

自他ともにそうなっていました。東京MXテレビの『談志・陳平の言いたい放だい』の時がいちばんエピソードが豊富なので、それは追い追いと——。

「ぼくの余生は談志中心、落語で転がる」

これは間違いなく、談志さんを通じていろいろな落語家さんと知りあいになれた、

日光の神社で豆まきに顔を出す
若き日の談志師匠と著者

という事情もありました。

亡き古今亭志ん朝師匠とは、当時珍しい外車に乗せてもらったり、お宅を訪問すると、部屋中にクスリの瓶が並んでいたり……。独演会にぼくが顔だしますと、志ん朝師匠は自分のザブトンを横にずらし、深々と頭をさげ、

「（弟子の）志ん駒がいつもごひいきに預りまして」

ていちょうに礼を言います。ぼくの知りあいの印刷会社社長が志ん駒さんをひいきにして、正月の度にお年玉をたっぷり渡すことなどが、志ん朝師匠に報告されてるのでしょうが、

「落語家ってのは礼儀正しいな」

と思いました。芸能界の人たちはもう少し適当な対応しますから。

志ん朝師匠とは、日本テレビの『ちゃっきり金太』の2クール放映で、すっかり意気投合しました。ぼくの脚本がイマイチだったので志ん朝さんの見せ場がブレークしませんでしたが、本番終了後は毎回、日本テレビ（当時は麹町）のそばで食事

をともにしたものです。うまい魚があると、志ん朝師匠にまわします。

「絶《ヽ》ですな。しあわせの極み」

「毎日ごち走しようか、どうせ局のカネだから」

すると志ん朝さん膝を叩いて、

「そうなったら、同棲しちゃいます」

こんなくだらないヤリトリで、二人で毎回番組の打ちあわせをやったものです。

志ん朝さんとの最初の出会いは、かれがまだ古今亭朝太を名乗っている頃。当時四谷にあった文化放送で、朝太さんが初の30分ジョッキー番組を持ち、その台本をぼくが書くことになった、それがキッカケでした。

当時はぼくも駆け出しのぺーぺーだから、台本が面白いはずがない。朝太さんはぼくの台本なんか一行も目を通さず、勝手にしゃべり、二、三曲レコードかけて、それで30分が終了します。

「チキショウ、書いたオレのプライド傷つく」

なんてこと、ぼくは全く思わず、

「オレの台本は字が汚いし、それをコピーして本人に渡すのだから、マトモにそれに従って語ってくれるわけがない」

と割り切っていたから、ぼくは最終回までジョッキーの台本を書き、朝太さんも最後までぼくの台本をマトモには読みませんでした。

そういう過去など、相手が有名になると、かえって懐かしい思い出になるのでしょうか。

先代の三遊亭円楽師匠は、ぼくにとっては陽気な人でしたね。「星の王子さま」で人気の出た落語家ですが、ぼくとは『笑ってよいしょ』というテレビ番組を13回とりました。ヒットしませんでしたが、主題歌がレコードになり、円楽さんとぼくが合いの手をいれて歌っています、ヘタな限りですけど。

先代の林家三平師匠は不思議な人で、ぼくが海外へ遊歩(?)する節目《ふしめ》のパーティに、知らせてないのに必ず飛入り出演して挨拶してくれました。お笑い番組でも共演しましたが、舞台袖に弟子がいて、舞台で師匠が使ったネタをいちいちチェックして、その大学ノートが五、六冊になってました。ネタがかぶらないように調節

円楽さんと一緒に吹き込んだレコード

してたんですね、何しろ三平さんは毎日のように、寄席のほかいくつもの番組に出てましたから。

桂米丸師匠とも不思議な縁でつながっています。先日、新宿末廣亭の楽屋で10何年ぶりかで会ったところ、

「あたし、92歳になりました」

えッ、もう90越えたの!?　その時ぼくはまだ85歳だから、びっくりしました。米丸さんは当日も高座に上がって一席こなしてるわけですから、まだまだ現役なんですね。

「すごいですね。一席やると疲れません

か」

どうってことない愚問をぼくが発すると、

「毎日、緊張しますよ。あたしは新作だから時代の動きにおくれちゃいけない。受けた時はほんとにうれしいけど、反応がうすい時はガックリきますからね、モヤモヤした気分です。それがこの年でまだやれる理由でしょうが」

モヤモヤ気分の時は、デパートでネクタイの一本でも買って気分転換するそうな。古典落語をやってるほうが、寸法通りにやればいいからまだラクだ、と米丸師匠がポロリ言うのも聞こえましたが、92歳で、座って一席やり、またスッと立つ、なんてけっこう老人にはきついだろうに、米丸さん偉いな、と思いました。

米丸師匠とぼくの縁は今から50年ばかり前、両人とも東中野に住んでおり、家が近所でした。その関係で何度も顔あわせるつきあいで、テレビでも同席しました。共通の、なじみのスシ屋など今も営業中と聞き、懐かしくもありました。

米丸師匠と楽屋で会ったのは、一番弟子の桂竹丸さんがこの日、連休中の寄席が大混雑の日でしたが、昼の部の主任をつとめていた関係で、竹丸さんはぼくのめし

友の一人ですから、

「たまには竹丸の落語をナマで聞いてみよう」

と作家の吉川潮クンの案内で出かけたわけ。その楽屋でたまたま師匠の米丸さんにも会えたので、実にラッキーでした。

竹丸さんの落語はバカ受けで、新宿末廣亭の入り口にはカレののぼりまで立ってて大人気、客席から声も掛かってました。

「落語家も悪くない稼業《しょうばい》だな、あれだけ笑ってもらって」

とぼくがマジにほめると、

「この業界には名言があるんです。芸人てえのは売れりゃこんなに面白くていい稼業はない。売れなきゃ、こんなにつまらない稼業もない。今は亡き某大師匠のお言葉ですけどね、ハイ」

竹丸が神妙な顔で返してきたので、寄席の楽屋なのに思わず、ぼくは「なるほど」と肯《うなず》いて、某師匠の名を聞くのを忘れてしまいました。

「ウン、売れてナンボだ、どの稼業《しょうばい》も」

落語家がビンボーだったのは昔の話で、今の売れっ子は、いやテレビに出まくるお笑い芸人たちも、マジかよッと驚くほど稼げますから、竹丸さんは本音を吐露したのかも。

今は亡き三遊亭円歌師匠が、麹町の日本テレビそばに一軒家を買った、すごい、という話題が一時、業界の大ニュースになりました。ぼくも遊びにいきましたが、旧貴族のお邸《やしき》跡地らしき所に建てたイキな家で、

「大したもんだな、落語一本で」

と感心しますと、円歌師匠は、当時まだ歌奴を名乗っていたかと思いますが、

「陳チャン、うちには六人の年寄りが雑居してな、いま、『中沢家の人々』って落語を考えてるんだ」

「山のアナアナ」で一世を風びした師匠は、その後、まさに中沢家ネタで稼ぎまくりましたが、ぼくが訪問した折は、お年寄りの姿は円歌夫人の母親だけだったような気がしています。年寄り六人抱えて大さわぎの中沢家ネタは、思えば高齢社会の

先取りでした。

落語で欠かせないのは、落語ファンの文化人です。エジプト考古学者の吉村作治さんを談志独演会に案内すると、ゲラゲラ笑ってとても落語を楽しんでくれます。談志さんとも仲よくなり、東京ＭＸテレビでも何度も共演したほどです。

吉村さんは義理堅い人で「敬老の日」にはぼくに大型テレビとビデオセットをお祝いに買ってくれたこともあります。立川志の輔の会にも、花輪を欠かさず贈っています。ぼくはそういうご祝儀が嫌いで、全くしたことがありません。

立川志の輔師匠は弟子にきびしいのが定説で、弟子になりたい若者がウェイティングで何人も待機してるそうですが、真打ちになれたのはまだ、前名・志の吉の立川晴の輔だけ。志の八も平成29年に真打ちになりましたが、なかなか弟子をとってくれないので有名です。かりに弟子になれても、見習い期間３か月で採用不採用がきまるとか。

売れっ子の立川談春さん、切符がとれないことで有名な談春さん、この師匠はいつも弟子に怒ってばかりの印象ですが、やさしい面もありまして、鍋モノをかこむ席などでは、目の悪いぼくのために好きなものだけ皿に取り分けてくれ、

「どうせ目が見えないんでしょ？　代りにあたしが用意してあげます」

これですから、ぼくが談春好きになるのもあたり前で、思えばずっと前、何かの席で立川談春師匠を紹介してくれたのが、作家の吉川潮さんでした。

当時は真打ちなりたてでまだパッとせず、客集めに苦労していた時代なんでしょうが、一見落語家らしくない好青年ぶりにぼくは好意をもち、それから何回となく談春さんを見に行き、CD『紺屋高尾』などをサイン入りでもらったものです。それは一種のお宝でまだ保存してありますが、『赤めだか』を出版してからの談春さんはすごいブレイクを果たし、志の輔さんに迫っています。

「テレビがよかったな、あのTBSドラマが大ブレークのキッカケだ」

これが世評ですが、ぼくは談春独演会を地道に全国で展開していた数年前からの苦労が報われたのだ、と思っています。

談春さんのギャンブル好きは有名で、今でも出演の合間にギャンブル新聞ひろげてますが、独演会の日がミモノで、差し入れ持って面会する客が行列です。これは他の人気落語家みんなそうなんですが、指定の場所に行列作って待ってます。

全員、お菓子や果物の差し入れ持参。こんなに大量じゃ持って帰れません。談春さんも同じで夫婦だけの家族なんだから、差し入れ十数個もらっても却《かえ》ってお荷物です。真夏の昼公演の時など、メロンがいくつか差し入れられ、談春さんはそれを冷やして切りわけ、スタッフ一同に配っていました。

大きな菓子箱があったので、

「それ、オレにくれよ」

ぼくがねだりますと、

「先生、家族いないでしょ？　一人でこんなに食えますか。もっといいモノあげましょう」

お菓子箱の代わりに、日持ちのするソーメンを一箱くれました。しょせんぼくは、落語家にたかってるバカ老人ですけどね。

談春さんを紹介してくれた吉川潮さんは、辛口で的確な演芸評論で、落語家たちから一目おかれた怖い存在でしたが、今は立川流の顧問もやめ、勝手気ままな自由人生を享受しています。真打ちホヤホヤの若手など、

「吉川先生が急にやさしくなりました」

などとバカなお世辞言ってますが、ぼくは吉川さんの落語家を見究める炯眼《けいがん》に感服しています。まだ海のものとも山のものとも分からぬ時代の談春を、

「若いけど、芸はしっかりしてますから」

あの談春と親しくなるキッカケをくれたのですから。

吉川潮さんが紹介してくれた落語家たちは数知れず。筆頭は春風亭小朝に春風亭昇太。この二人のウラ話は尽きないが、ほかでもふれてると思うので割愛し、そのほかは玉石混交だから順不同に並べますと、春風亭一之輔、桂竹丸、林家木久扇と木久蔵、ヨネスケ、立川談四楼、立川談笑、立川生志、春風亭勢朝など多士済々。全員、たまに昼めし食べる仲でもあります。

お昼のめし友常連としては立川志らら、立川らく次、立川こはるなど、若手落語

立川談春さん、吉川潮さんと３人で雑談中

家が勢揃い。

三笑亭笑三、上から読んでも下から読んでも同じ笑三師匠も、90歳をすぎてまだ現役のようですから、大したものだと感心しきりです、最近やや弱ってきたとも聞きますが。

「たまには二人を見に行こうかな」

と思わないでもないのですが、90歳すぎの落語家を目の前にして却って自分の老いを自覚させられてしまうのは嫌ですし、目の前で米丸さんや笑三さんが事故ったらドキドキして不安過剰になってしまうといけないので、今のところ見合わせています。

「落語ブーム」とマスコミでは相変らず謳《うた》ってますが、「落語ブーム」ではなく、「落語家ブーム」という方が正しくて、東京で独演会を満員にできる落語家は限られています。入場料払う世界は甘くありません。

「いま、東京だけでも五百人以上の落語家がいるらしいよ。真打ちだけで三百人はいるけど、よく食っていけるな」

と落語通がウンチクを傾けてましたが、こんなに落語家がふえたらパイの奪いあい。連日連夜、東京のどこかで小さな落語会が数多く開かれていますが、なかなか満員にはなりません。鈴本演芸場や末廣亭の寄席だって夜は空席が目立つのですから、落語ブームと囃《はや》し立てるのはマスコミだけ。マスコミはホントにいい加減で無責任ですからね。

「それはそれとして、女の弟子入りが最近ふえたらしいぞ」

という情報に、好奇心がまだ残ってるぼくが食いつきますと、たしかに、女性真打ちも何人かいるし、

「立川志らくのところには女性の弟子が何人もいるそうだよ」

こんな話もききました。立川談春さんの一番弟子、立川こはるも二ツ目を着々とこなし、真打ちめざして精進してますが、晴れて真打ちになれるメドはまだ立ってないみたいです。

「あの、やかましい談春に仕えてるだけでも大したもんだ」

と、こはるの評価は高いのですが、真打ち昇進ばっかりは師匠の胸三寸ですから、こはるが真打ちになる日の近からんことを期待します。

ついでに言えば、真打昇進が内定すると、披露パーティやお披露目公演など、けっこう面倒で（でも晴がましい一生一度のイベント）、お金のかかる落語界特有の慣例が待ってます。

祝宴の席では、名入の手拭い、扇子、口上書きの三点セットを配ることになっていて、ほかにもお土産をつけたり、ご祝儀をもらうから当然ですけど、パーティでは祝辞と余興がつきもの、これがまた新真打ちの落語家にとっては頭が痛い。

立川晴の輔はホテルニューオータニで、Mr.マリックを呼んで、参加者全員が同時に「ビンゴ！」というマジックをやりましたが、立川らく次は上野東天紅で、

「おにぎやかにサンバで盛り上げます」

なんと客席を、サンバのダンサーたちが狂喜乱舞し、この意外な余興に参加者たちは席を立ち、いっしょに踊りまくって異様な興奮状態に。もう一つ、坂本頼光のオリジナル活弁をスクリーンに展開する離れ業まで見せてくれて、お客を喜ばせてくれました。

「料理もうまかったし、ご祝儀もらっても赤字だったろう?」

と、ぼくがヤボなことききますと、らく次も晴の輔も、苦笑いしつつ、

「まぁトントンというところで」

どの落語家も、このセレモニーをこなして、やっと本格的な真打です。でも、ここはゴールでなく、落語家としての本スタート。入門から10年以上が過ぎ、これからがホントのプロですが、なに、定年のない職業だから、案ずるほど辛くないと思います、あくまでぼくの私見ですが。

春風亭一之輔クンのように、何十人抜きで真打ちに抜擢されるなんてのは稀有《けう》の

こと。あれは会長だった柳家小三治師匠の英断のおかげと聞きますが、一之輔クンのような天性の才能の持主は稀なんです。たいていの落語家志望者ってのは、「落語家で金儲けなんて考えてません。落語家っていわれる人生に憧れて、それが嬉しいんです」

この程度。伝統芸を究めようなんてのは皆無で、笑ってもらえればいい、これぐらいの芸人レベルではないでしょうか。

一之輔クンは別格ですね。年間600席ぐらい、軽くこなすといいます。連日2席か3席はやってるみたいで、どこの会場でも受けてますし、独演会も満員です。一之輔や柳家三三がこれからの落語界を背負って立つ人材でしょうね。

一之輔クンに関する小ネタをひとつ。『愛の渦』という乱交がテーマの映画を、見に行ったことがあります。ひとりで行ったら、女性客がこの乱交映画に多くてびっくり。

休憩時間のこと。向こうから鳥打帽《とりうちぼう》まぶかにかぶったヘンなおやじがぼくに近づいてくるではありませんか。一瞬、だれだか分からなかったら、

「センセイ、一之輔です」

これはサプライズ、まさかここで会うとは。

映画のテーマが乱交だけに、一之輔クンも人目を避けて来たのかもしれませんが、ここでバッタリというのはまさに青天のへきれき。旧知の仲なのでしばし雑談のあと別れたんですが、その夜もう、ぼくがスケベ映画見ていたって話が、落語界中心に拡散浸透して、大笑い。

一之輔クンの仕業《しわざ》なんです。かれがツイッターや高座でぼくの話をばらまいたらしく、ぼくはこういういじられ方が大好きなので、「カレに会えてよかった」とへンな自己満足を感じていました。バカなエロじじいで。

そういえば、先日、一之輔クンと立川志らの三人で有楽町で中華料理をたっぷり食べました。聞いたら、「さっきまで浅草演芸ホールで一席やっていた」そうで、「これから上野の鈴本です。それまで2時間ばかり余裕ありますから」

という段取りで三人の雑談ランチとなった次第。大いに食い、大いにしゃべり、一之輔クンは電車で上野の鈴本へ出かけて行きました。

「きょうは昼間2席やって、夜は1席やります。東京だからラクなもんです」

この調子じゃ、年間5〜600席ぐらい、こなしてしまいますよね。

それではお待たせ。これから立川談志さんを中心に、鶴瓶さんタモリさんの話などへいきましょう。


鶴瓶さんと初めて会ったのは、1章に書いた通り、その昔の『霊感ヤマカン第六感』という大阪制作の番組で、ぼくが司会をやってる頃、回答者の中でやけに目立つ若いオッサンがいまして、それが若き日の笑福亭鶴瓶さんでした。

先日、赤坂ACTシアターに鶴瓶さんの落語会を見物に行き、立川志らの案内で久しぶりに楽屋を訪れ旧交を温めたのですが、鶴瓶さんは以前、ぼくの住む半蔵門のマンションから道ひとつ隔てた所に東京の仮住まいがあって、

「たまに昼めし食おう」

と約束したまま実現していません。今やNHKのテレビで、志の輔の『ガッテン！』と並ぶ人気番組『鶴瓶の家族に乾杯！』の司会者ですから、楽屋は大混雑と思いき

や、面会希望のファンは別の所に行列させられ、待っているわけ。楽屋にはタモリさんしかいません。タモリさんに、

「キミも、『笑っていいとも！』やめて、最近はのんびり、いい番組やってるね」

と言いますと、タモリさんはマジに、

「のんびりなんか、やってませんよ」

と不満げな顔。「いくつになった？」と聞いたら、

「70です」

えッ、じゃタモリ70代、鶴瓶60代、チンペイ80代か、あとで記念写真とっておこう、という話になりました。

鶴瓶さんはぼくがアダルトビデオ好きだ、と誰かに聞いてたらしく、

「今度、段ボール一箱おくりまひょか」

これじゃ親切があだです、老人には。

「ありがたいけど、もうAV見るパワーがないんだよ。去年までは4時間ぶっ通しで見たものだが」

鶴瓶独演会の楽屋にて。タモリさんも（撮影：大西二士男）

これにはタモリさんたちも笑い、

「80歳過ぎでしょ⁉　どういう年寄りですか」

とタモリさんがあきれ果てていました。三人で記念写真とってから、「じゃ、これで」と別れを告げますと、

「センセ、84歳でっしゃろ、一人で帰れまっか」

と鶴瓶がおせっかい焼くから、

「心配するな。エロで鍛えた体だ」

言い返してやりました。あとで立川志ららに聞いたら、その夜の打ち上げ会は陳平ネタで盛り上がり、

「あのじいさん、84歳でエロビデオ見て

大丈夫なのか。カラダがもつのか」

とみんなでぼくをサカナにしたようです。もっともこれは立川志らの報告ですから、虚実とりまぜ多分に盛ってると思いますが。


立川談志さんの話になりますが、談志さんとは晩年、東京MXテレビで、

『談志・陳平の言いたい放だい』

という勝手トーク番組を5年ぐらいやりました。談志さんは出たとこ勝負でアドリブによる展開が好きな落語家なので、打ち合わせが嫌い。ぼくはアドリブが苦手で、きちんと進行の設計図作って本番にのぞまないと不安なので、両人はいい組合わせで、番組はかなり好評でした。

構成メモはぼくが作り、談志さんは分かりにくい時事ネタを事前に電話で、何回も説明をぼくに求めてきましたが、本番になると、わざと違うことを言うのでぼくも適当にそれに合わせたものです。

電話といえば、晩年、一日に二回は電話をかけあって二人で雑談しましたね。そ

れも長話なんです。開口一番、談志さんが電話の向こうでぼやきます。

「不快だなあ。陳さん、何とかしてくれ」

ここから話が四方八方に飛び、他愛もない老人の会話が続くのですが、ある日ある時、談志さんの話があんまりくどいので、ぼくは面倒くさくなって、

「うるせえよ。もう切るぞ」

「切ったら会話にならねえ。切りたきゃ切れ」

売り言葉に買い言葉みたいなもので、ぼくはそこでガチャリ。折り返し談志の怒りの電話がくると思ったら、きません。それっきり。

ところが、そのあとが大事件です。

談志さんは幹部の弟子たち全員に電話かけまくり、

「陳平と大ゲンカした。あいつが来てももう楽屋に入れるな。めしも食わすな。絶交だ！」

師匠の命令は絶対ですから、命令された弟子たちは戸惑いましたね。談春さんなど、

「どうしたらいいでしょう？」

とぼくに電話かけてくる始末。志らくさんは無視してぼくの楽屋入りを制限しませんでしたが、この噂がたちまち立川流一門に伝わるや、

「あの晩年の親友がなぜケンカに⁉」

しばらくはこのネタで大にぎやか。

ぼくは一日二回の電話は多すぎる、しばらく冷却期間を置かないと、老人のグチやボヤキの交換会は飽きがくる、というスタンスでわざと静観してました。

それにしては、わが家の留守電がよく鳴る。用件を吹きこむ人はビジネスですが、中に無言の留守電が何回かある。

「これは談志だ。談志にちがいない」

ぼくは確信したのです。なぜかって？　無言電話を切る寸前、必らず、フッというため息がもれる。これは談志の失望と落胆のため息だ、というぼく流の勝手な分析なんですけどね。

「談志はもうケンカのこと忘れてるな、こっちからかけてやらないと、まずい」

そう思ったぼくは、ある日なにげなく、用もないのに談志さんに電話かけ、

「おい、どうした、元気か？」

と言いますと、談志さん普通の声で、

「元気だから、しゃべってる。陳さんは？」

これでもう万事が水に流れ、談志・陳平の仲がもとのように戻りました。

あとで息子の慎太郎さんに聞いた話ですが、

「野末さんの留守宅に、何度か行ったんですよ。ベル押してもいつも留守でしたけど」

なるほど、談志さんは国立演芸場に来たついでにわが家を訪問してくれたんだ、ありがたいけど、わが家のベルはいつも電源切ってあるから、押されても気がつかない、中にいても、です。

後悔も苦笑まじり。あの大げさなケンカは、一体何だったのか、という大オチです。

「あたしは、どうせ〝笠碁〟だと思ってましたよ」

と立川談笑さんが笑ってました。

そうです、碁敵《ごがたき》は憎さも憎し、懐かしくもある必要な存在であるという、あの落語通りのお粗末で愉快な人騒がせでした。


東京MXテレビの『談志・陳平の言いたい放だい』は、毎週一回スタジオで収録し、毎土曜昼の放送でしたが、収録時の控え室がおもしろい。もちろん打合わせなどあるわけがなく、まず立川流の前座やスタッフが集まったころに、立川談志家元ないしはこの陳平が現われる。家元の一声で座がピンとはりつめるのです。

「今日も時間通りだ」

これはいつも本番に遅れる、という談志伝説を本人自ら否定したもの。収録開始時間に余裕たっぷり、話があるなら何でも聞くぞ、というスタンスですから、いよいよ本番開始間近です。

と、その前に家元談志が一言。

「ハイ、陳さんお弁当」

2007年　70代の二人が珍しく2ショットで

毎週ではないが、気まぐれにぼくのために談志さんが弁当を作ってきてくれる、弟子たちはこれを「談志弁当」と呼びました。

その弁当がうまいんです。米がうまい。新潟の談志特註米、談志の所有するタンボで穫《と》れる高級コシヒカリだから、まずいはずがありません。加えてオカズが、全国えりすぐりの美味がお中元やお歳暮で談志宅に届く、それを談志自らがオカズにして弁当を作るのだから、これは絶品です。お金じゃ買えない。

「陳さん、腹すいてなくても食ってくれ。うまさが違う」

談志に促されて食べますと、たしかに桁《けた》ちがいにうまい。

「うめえ！」とぼくが言うと、

「オレさまの作った弁当、うまいから陳さんに食わせてやるんだ」

恩に着せられる価値はある。ぼくは当時、談志弁当を食べるのが無上の楽しみで、収録の度に、

「今週はどんなオカズかな」

期待するようになりましたが、立川志らく師匠たちお弟子さんに言わせると、家元談志が他人のために弁当作るなんてことは希有《けう》のことらしく、たちまちこれが立川流一門で話題になりました。

弁当だけじゃない。季節の貰いもののお菓子なども談志さんはどさっと持ってきて、スタジオ中のみんなに配りまくる。前座だけは遠慮して手を出せませんが、ぼくをはじめ全員お菓子の配給ももらいました。

ここまでして、かくて談志師匠はごきげんで1時間の収録にのぞみます。

この『談志・陳平の言いたい放だい』は、パックンも何回か出てくれたし、柳亭

市馬さんの艶歌《えんか》もはじめて紹介し、松元ヒロさんの芸もここが発祥地、博多華丸・大吉らもこの番組の洗礼を受けてます。

そういえば、ぼくは十万円の小づかいをこの控え室で、談志さんから手渡されました。弟子の志らくさんや前座たちが目撃してますから間違いないエピソードです。ピン札十枚、談志さんが数えてぼくにくれました。

その前夜、突然ぼくに電話があって、

「陳さん、小づかい貰ってくれるか。断わられたらオレの立場がない」

全く意味不明でしたが、まさかこんなうまい話イヤとは言えませんから、

「どうぞ、ご自由に」

と答えたところ、翌日の収録で、まさかの小づかい十万円が誕生しました。

談志さんは一枚二枚とピン札を数え、

「ホラ、十万円。自分のために使ってくれよ」

と念を押します。弟子たちにうまいものおごるなよ、という釘刺しですから、ぼくは談志さんの意を汲んで、

「もちろん、自分のために」

そう答えて貯金してしまいました。

談志弁当といい、十万円の小づかいといい、家元談志の真の意図はわかりません。かれは時にこういう奇特で奇矯《ききょう》（？）な振るまいをするので、ぼくは気にも留めませんでしたが、なまじ現場を目撃してる志らく師匠などは、これを笑いのネタにして、よみうりホールの「談志まつり」で、談笑と二人が司会者でぼくを呼び、

「あの時の、てん末を話してくれ」

とうまいぐあいに話を転がし、場内はバカ受けしてました。志らく・談笑の手にかかると、ぼくと談志さんの話がみな笑いネタになってしまうのです。ぼくはそれで充分楽しいし、談志さんもあの世で満足してると思います。

談志さんもぼくもケチだと思われ、当人たちもそれを広言してますが、談志さんの手料理（？）をごち走になった話をひとつ。

談志さんが資料置場にしていた大久保の古いマンションで雑談の折、

「陳さん、ナニか食うか？」

「うん、腹へったな。うまい物でもあるのか」

「なんでもある。作ってやろう」

冷蔵庫をあけ、何やら取りだした談志さん、鍋で湯をわかし、フキンを敷いて何やら温める様子。見れば、シューマイらしい。

「ハイ、出来あがり。どうぞ」

皿に盛って出してくれたシューマイを食べたところ、まずいの何のって食えたもんじゃない。固くて半ゆでで肉の味がしない。

「うまくねえな、これ」

ぼくが文句言いますと、談志さんは袋を見て、首をひねります。

「賞味期限が一昨年《おととし》の春だな。古すぎたかもしれねえが、陳さん死にやしねえよ」

これだから、たまりません。冷蔵庫にはとっくに賞味期限の切れた冷凍食品が、あふれんばかりに詰めこまれていました。

「もったいなくて、捨てられねえんだ。3年前のギョーザもある」

これを客人に調理して食わせるのだから、油断も隙もありませんや。まさに談志流もったいない思想の凝縮《ぎょうしゅく》がこれで、どこで集めてきたのか不明のところが落語的ですが、二度ともう談志のインスタント料理は食べられません。談志弁当はあんなにもうまいのにねえ。

これはやや独断と偏見になりますが、談志という天才は弟子の落語を見たり聴いたりするのが好きではなかったようで、ぼくと新宿の古い明治安田生命ホールにふらりと志の輔らくごを見に行ったことがあります。志の輔を見るのが目的ではなく、ふたりで遊んでいて時間がつぶせなくなり、何となく、

「志の輔でものぞくか」

ということになったのです、ちょうど新宿にいたものですから。

ぼくたちが予告なしに行くと、慌てて係が席を用意してくれたのですが、談志さんは志の輔らくごの途中で、

「オレ、帰るよ、飽きたから」

プイと席を立って帰ってしまいました。

ところがです、ここからが談志らしい。志の輔らくごが終わる直前にちゃんと席に戻ってきたのです、どこでどう時間をつぶしたのか知りませんが、飄然《ひょうぜん》とぼくの隣りに。

「それでは本日、家元の談志師匠が客席にお見えです。家元、どうぞこちらへ」

志の輔さんが舞台から呼んでも、談志さんはわざとうつむいて舞台へ向かおうとはしません。再び志の輔が声をかける。やっと重い腰を上げた談志さん、オレ別に出たくねえんだよ、などとブツブツ言いながら舞台に向かう素振りを見せます。

「待ってるんだ。行ってやれよ」

とぼくが談志さんの背を押すと、客席は万雷《ばんらい》の拍手。談志さんは乗り気なく舞台へ向かいますが、上がった途端に、普段着なのに見事に立川流家元・立川談志に変身してしまうのです。

志の輔さんは家元をまん中に座らせ、

「本日はありがとうございます。師匠のおかげで今日も満員の会ができました」

すると談志さん、うまいですねえ。一味も二味も違うんだ、さっきの談志とは。

「こいつ（志の輔）がほかの師匠の弟子だったら、オレはその師匠にヤキモチ焼くね」

これほどのホメ言葉が他にあるでしょうか。客席は大拍手です。志の輔さんは恐縮して頭の下げっぱなし。それからあとの二言三言は、オマケみたいなもの。談志の登場で会場全員がトクしたような盛り上がりでした。

ぼくは率直に思いましたよ。

「談志は弟子志の輔のうまい落語きくのが嫌《いや》だったのか。一種のヤキモチかな。そこで耐えられなくて席を外した。でもちゃんと時間見て帰ってきた、自分の役割がわかっていた、当然、舞台に上がるつもりだった」

あくまでぼくの推測ですから、間違ってるかもしれませんが、これは事実ありのままの話ですから、読者の判断にゆだねます。

落語に限らず、師匠が弟子の成功と成長を見て、満足やうれしさと同時に、軽い嫉妬と羨望を覚えるのは、不思議ではありません。師と弟子は、師弟であると同時にある面でライバルでもあります。談志さんが弟子のうまい落語をききたくない心理、ないはずがありません。

ぼくだって、弟子であり秘書であった海江田万里君が大臣になったり民主党の代表になった時、複雑な気持ちでしたから。

最晩年の談志師匠はかわいそうでした。声出ないから筆談、食べ物がムリだから胃ろう、もう生きるのがやっとで病床にいました。

もはや立川談志ではなく、本名の松岡克由本人で、家族に見守られて次の世に旅立ちました。

残されたぼくは、テレビや雑誌で追悼の言葉を捧げる気にもなれず、呆然としていました。

「陳平さん、いまね、終わりました。町屋の火葬場からです」

とオカミサンから電話報告があった時、ぼくは返す言葉がなくて、短く、

「わかりました」

これで切ったものの、談志さんとの最後の食事を思いだしていました。

談志、談志夫人、そしてぼく、この三人で赤坂の「維新號」でお昼を食べたのが亡くなる1年前のこと。

「フカヒレが食いてえ」

談志さんがいうので、じゃ赤坂がいい、とぼくが提案し、維新號にきめたのですが、談志さんはフカヒレの姿煮だけ。ぼくたちは普通の中華。こういう席、オカミサンはほんとうに久しぶりだったそうです。

見てると談志さん、フカヒレの一部をオカミサンとぼくに取り分けしてくれるではありませんか。

「オレ一人で全部はムリだ。食ってくれ」

取り分けてもらったオカミサン、談志さん亡きあと、しみじみと語っていました。

「夫婦で食事するのも何10年ぶりみたいなものでしたが、フカヒレ取り分けてくれたでしょう、あれはうれしかった。一生に一度です」

あの傍若無人《ぼうじゃくぶじん》の談志にこんないい話、とぼくは思ったので、談志亡きあと、赤

坂の「維新號」に談志夫人や家族を招き、テーブルに談志さんの写真を置いて、その前にフカヒレを供え、

「談志さん、キミの好きなフカヒレだよ」

姿煮まるまる、談志さんに食べてもらい、おさがりをオカミサンとぼく、そして同席の家族にも分けて、亡き名人を偲んだものです。

これを3年、命日の近くに実行し、ぼくなりの供養にしていたのですが、オカミサンの思い出話はいつもここが終着点。

「フカヒレを、あたしに取り分けてくれた」

思うに、あんなことはほんとに一生に一度だったのではないか、と思います。

この席に、作家の吉川潮クンも一回いました。

吉川君のえらい所は、かつて立川流の顧問をつとめ談志師匠に親しくしてもらった恩を忘れず、今でも月命日に墓参しています。毎月欠かさず参るのは、めったに出来ることではありません。

ぼくと吉村作治さんは、都合のいい時だけたまに墓参しますが、吉川潮クンの談

志さんに寄せる思慕の情が伝わってきます。

高田文夫さんたちとも、先日の暑い日、月命日だったので墓参に行きました。

談志さんのことを語りだしたら尽きません。

白状すれば、談志さんを失ってからぼくの落語会行きは激減しました。落語聞いても楽しくない、乗れないというべきか。

これ以上、談志師匠との思い出に浸るのは、楽しさと淋しさが混在して筆があまり進みません。ちょうど紙数も尽きるようなので、この章のしめくくりに談志さんの文章をのせます。題して、「野末陳平との想い出……」

たしか亡くなる1、2年前に書いてもらった原稿ですが、発表のチャンスを失ない、未公開のまま今日に至りました。

内容的にはぼくの記憶とやや違うところもあり、本書の一部と重複する部分もありますが、それらひっくるめて、いわばこれが談志の、ぼくに対する遺言です。一字も直さず、原文のまま次に掲載させてもらいます。

立川流家元談志さんの墓前にて。吉村作治さんと

談志さんの遺影を囲んで。高田文夫さん、志らく師匠と

「野末陳平との想い出《あれこれ》……」

立川談志

陳平とはじめて会ったのはもう何十年も前です。その頃、若き立川談志は柳家小ゑんを名乗り、〝古典落語の天才現わる〟などと賞賛され、当時出来たばかりの民間ラジオそしてテレビで売れ、若手お笑いスターとして頭角をあらわしていたっけな。

陳平はといえば、新宿は松竹文化演芸場という、近くにテアトルという映画館があったが、早い話、紀伊國屋書店の裏のほうに出来た新しい演芸場です。そこに出て名を上げようなんぞと大それた事を考え、同じような境遇《きょうぐう》の早稲田出の野坂昭如を誘って〝時事漫才〟というのを売りこんだ。二人とも黒メガネでいささか名はあったから、ま、アイディアはよし、けど内容なし、芸はもっと酷《ひど》い。いや酷いまで行かない。ナンダカワカンナイ代物が出来上り、それを演ったから二人とも、当然即ダメ。

そうは陳さん、寄席演芸とて甘くはない。

ちなみに芸名だけはいちおう、ワセダ落第、ワセダ中退。どっちが陳平なんだ。

それにくらべて小生は、その日その日の新聞読みながらのアレやコレやの漫談で大受けでした。

野末と野坂、黒メガネのアイディアだけはよかったが、内容がなさすぎちゃ受けるわけがなく、一回演ってポシャッタという……。

その時、文化演芸場に出ていた柳家小ゑんは楽屋で陳平に会った。ま、珍らしいので話しかけた。小ゑんはアドバイスのつもりでこんなことを言ったと思う。

〝こうすれば〟〝こうやれば〟に対して陳平。

「あなたにそんなこと言われる筋はないよ」

ショックだった。はじめて、理論というのか、そういう会話に出あったからだ。寄席の楽屋では、そういう会話はありません。

後年この会話の一方の主《ぬし》とテレビで組むことになるとも思わずに……。陳さん覚えていないだろうが。

★

そのうちに陳平の本が世に出た。何といおうか、「軽文学」とでもいうか、つまり軽く読ませる本だ。考えてみりゃ、それまでには堂々とその軽さを売りものにした本がなかったのか。落語とてそういう芸風は嫌われていた。

しかし根強い好き者がいたのは事実。これを陳さん、この匂いをかぎとりやがった。恐る恐る出したこの種の本のかずかず、本人は雑文集とかいってたが、自信があったのか、いや唯おだてられただけなのか、〝水虫〟とあだ名されたこの種の本の編集の第一人者あたりに乗せられたのか。陳平は一方の雄となった。

売れた売れた。新幹線が出来りゃそれに乗る企画、東京大阪間の三時間だけ楽しめりゃいい、なんて本を書く。

「さあ、来い」とばかりに、政治に、SEXに、流行に、陳平と称する男は書きまくり、ベストセラー屋に成り上り、百万部以上の売れっ振りだ。

その頃の陳平の本なんぞ知らねえけど、でも題名だけは覚えているのに、「天皇陛下のフンドシ」「アメリカをどう攻めようか」「カンヅメの開けかた」等々。

この間隙を縫って、東南アジアにライターを単身売りに出かけ、これもマジ、あちらにはまだライターはなかったのだ。

それから、女子プロレスのレフリー、下司《げす》もいい処、これを平気でやるから凄い。有名なのが「姓名判断」、〝みのもんた〟などの名付け親で、これも大当りだった。

で、とうとうTVタレントになった。

小生の司会する番組にもレギュラー出演している。TVの創生期だから、何にでも出てたらしい。東と西のかけ持ち、つまり売れっ子、そして執筆、これがまた売れ続ける。けど世の中では、陳平、寄生虫の如き扱いだった。

猿を飼ってた。これも宣伝の一つか。でも猿のウンチクは凄い。

スポーツはまるでダメ。そこで目えつけたのが女子プロレスのレフリーってところか。もちろん本職でなく臨時雇い程度。

この女子プロレスのレフリーが、いつの日かアントニオ猪木の新日本プロレスのコミッショナーになる。女子プロレスで、ワンツースリーとかやってた奴が、である。

世にタレント議員ブームがきた。慎太郎、ノック、青島、その次がこちらであった。談志、陳平、貞鳳、望月優子、安西愛子、そして田英夫などなど。そのあととなると、ＮＨＫアナウンサー宮田輝、高橋圭三。もっとあとのタレント議員なんて、もう知らねぇ。

★

陳さんと金華山に行った。家元談志は妙に人を誘うクセがありましてネ。岩風呂ではじめて陳さんの素顔、つまり色メガネをはずした面ァ見たっけ。斜視だからメガネかけていたのだろうと思っていたが、これがフツーの目。手術で治した。とこれは後年のハナシだが、真偽のほどはわからない。どうも黒メガネは、目立つための売りものだった、ここらが真相か。

「ねえ陳平先生」と夜の酒席でホステスが質問。「女性と寝る時はソレははずすのですか？」に陳平先生、「寝てみりゃ判る……」

陳さんは世の中軽く見ていたようなフリして実は、見事に見通していた。

〝ここが弱い〟〝ここを攻めよう〟〝ここはやめとけ〟〝ここにはいい鉱脈がある〟談志はこれを称して、「陳平はスキ間産業なり」と名言を吐いた。当人もこれを気に入ってくれているが、このスキ間狙いの陳さんの見事さは、昔々焼き芋もろくに食えなかったガキが、世の中の仕組みを覚えて、それらのスキ間に槍を入れた、体ごともぐり込んできた、勝手にズケズケと入ってきやがった、この見事さよ、したたかさよ。

おれは知らねえが、陳平は政治の重要局面や、ポストをめぐる動きのありとあらゆる処に顔を出しているはず。もちろんマスコミに首突っこむのは当り前。そのせいか、陳さんは何でも識っている。いや、識っていた。このごろ老化でボケてきて、半分忘れたと泣いていたから、いまは唯のじじいか。

陳さんが参議院で、今は消えた市川房枝や青島幸男たちの第二院クラブと、いろいろのトラブル。このモメゴトは中山千夏にもあり、トップさんにもあった。みんな、第二院クラブと蔭でトラぶっていた。

一口にいえば、青島の勝手放題、権力の私物化、ということだ。このへんはすでに中山千夏が露骨に書いた。陳さんもいずれ書くであろう。いや書かない訳はない。

実をいうと、談志と陳平、国会じゃあまり縁はなかった。おたがいに馬鹿にしてたのかも知れない。向うは知らないが、こっちはそうだったよ。少なくとも国会の中では、相手にしなかった。住んでる世界が違っていたし、所属会派が違ってたという理由もある。

ノックさんとて、院内ではさほど会ってない。それぞれ一匹狼の活動をしていたのか。

陳平の国会質問は大ヒットもあったが、くだらねえのもあったな。中央官庁の地下室のゴミ箱を陳平旦那があさって、高級洋酒の空箱見つけた。箱に出入り業者の名刺が貼ったままだ。

陳さん興奮してな、「役人はこういう所からこんな贈り物もらってる。これは何だ、ナカミはどうした⁉」と大マジにせまっていた。

決算委員会だったかな、聞いてて思ったよ。何いってんだ、ナカミはのんだ、その後は隠す、隠したつもりが捨てられたゴミを拾ったヤジ馬議員がいる。追及なんてイタチゴッコのおそまつ、陳平旦那なにやってやがんだ、とネ。

★

二人とも議員になる前のことだが、新宿末広亭で、寄席が終了《はね》してから、夜の九時過ぎだ、文芸寄席ってのをやったっけ。

前座の挨拶が円生師匠、はかま満緒の手品、手塚治虫とやなせたかしの漫画、ガマ仙人ってのが出たネ。田辺茂一の珍なる踊り、野末陳平と藤田小女姫のそれぞれの占いと珍芸、永六輔の講談、藤本義一の怪談、小松左京も出てたはず。

この会には出なかったが、〝女三人〟という物凄いのがあった。現代《いま》の人にゃ判るまいが、姐御のトリオだ。清川虹子、宮城千賀子、丹下キヨ子ときたもんだ。

この文芸寄席、大入り満員でありました。打ち上げをしなかったのが申し訳なし。でトリは、談志と前田武彦の漫才でありました。

プログラムはありますよ。持ってますよ。

のちに二人とも議員になったが、談志は一期六年でやめることに。選挙にはもう出ないときめたら、陳サンがいったネ。

「談志は、落語という核つまり本業があるから、やめてもいいだろうが、オレはそういう核が何にもないから、愚直に政治を続けるしかない」

けだし名言かな。

渋谷を歩いてた。陳平が歩いてる。

「オイ、ヨオ、陳さん陳さん」

声をかけたのに無言、無視だ。〝コノヤロー〟と思ったっけ。自分は現職の国会議員でこっちは落語家。でも待てよ、こいつは眼が悪いしネ、……なんて思ったこともありました。

いま東京MXテレビで二人でやってる「談志、陳平の言いたい放だい」あれはごぞんじの方もいると思うが、その昔、徳川夢声と柳家金語楼のTV「こんにゃく問答」である。最初は石原慎太郎とやるつもりであった。慎太郎さんは乗ったが、TV局が乗らない。怖がっていた。

「MXテレビじゃ、出てもしようがない」

と慎太郎氏の弁で、いろいろあって、野末陳平とやることに。

いい人を得た、と家元思っているが、この陳さんシャレは判ンないし、そのくせ頭脳は抜群だし、マトモすぎるし、でも感謝してる。

といっても、野末陳平の家庭生活は全くワカラナイ。金も財産も山程あるはずなのに、いつも金を持ってない。〝オレは貧乏だ〟と自慢してる、また〝オレはケチだ〟とも。

噂だが、その昔、女子大生を集めて一人で遊んでいた。ま、乱交に近いことをやる度胸はなかったろうが……。

そのくせ優等生でもある。

眼は本当に悪いらしい。でも家元にいわせりゃ、陳さん老いと闘う姿は見事、

つまり自然体なのだ。

で、どうでもいいけど、あの野郎は時折、張り扇で叩かないとイケナイ。

そんなところ。

もうベロベロだア。寝ます。

ぼくにとっては、笑いと涙の〝お宝〟文章です。

今は亡き立川流家元・立川談志さんの冥福を祈ります。

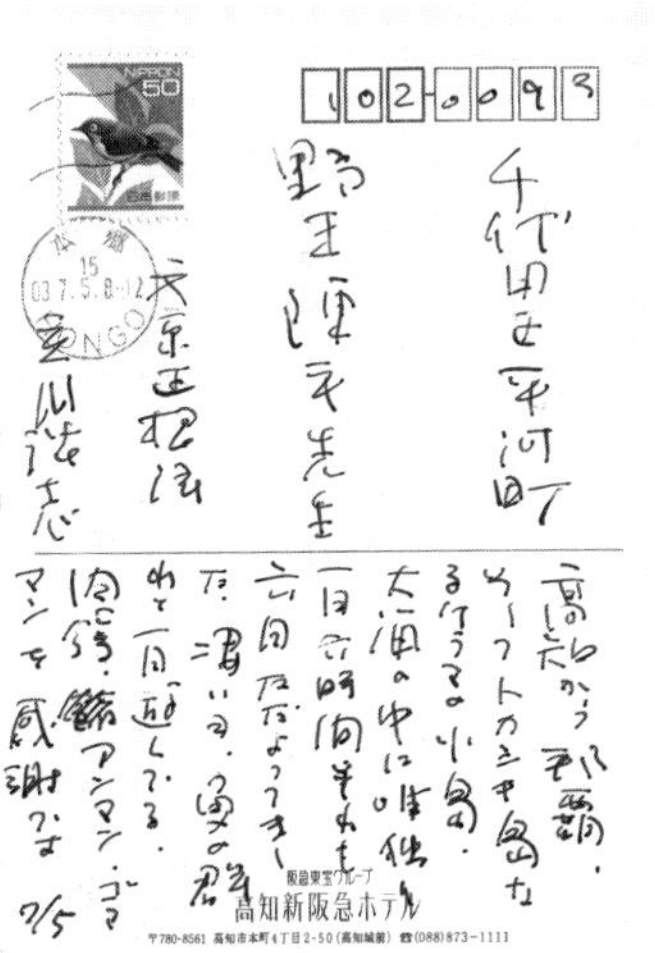

談志さんは、こういう礼状を
あちこちに出していました

著者紹介

野末陳平（のずえ　ちんぺい）

昭和７年静岡県生まれ。早稲田大学文学部東洋哲学科を成績優秀にて卒業。24年間の参議院議員生活ののち、大正大学教授などを務める。2002年には勲二等旭日重光章受章。往年のベストセラー『姓名判断』『ヘンな本』『頭のいい銀行利用法』『頭のいい税金の本』など話題になった過去をもつが、現在はお気楽な独り暮らしの隠居老人。とは言いながら、中国古典に詳しいため『この一冊でわかる！孔子と老子』や『李白と杜甫』、老いの真っ只中にいる人に向けた老後生活のヒント『老後ぐらい好きにさせてよ』（いずれも小社刊）などの著作も。
本書は、TV、ラジオなどの世界から政界、経済界まで、その幅広い交友関係をまじえた、86歳を迎えたチンペイの半生記である。

あの世《よ》に持《も》っていくにはもったいない
陳平《ちんぺい》　ここだけの話《はなし》

2018年２月５日　第１刷

著　者　野《の》末《ずえ》　陳《ちん》平《ぺい》

発行者　小澤源太郎

責任編集　株式会社プライム涌光
電話　編集部　03(3203)2850

発行所　株式会社青春出版社
東京都新宿区若松町12番1号〒162-0056
振替番号　00190-7-98602
電話　営業部　03(3207)1916

印刷・大日本印刷　製本・ナショナル製本

ISBN978-4-413-11246-8 C0095

野末陳平の好評既刊

老後ぐらい好きにさせてよ

楽しい時間は、「自分流」に限る！

「下流老人」「老後破綻」など、
高齢者を取り巻く話題は暗いものばかり。
こんな世の中だから、ぽっくり消えてしまいたい…
なんて、思うのは、まだまだ早い！
チンペイ流：痛快に老いを楽しむヒントをまとめました！

ISBN978-4-413-23035-3　本体1,380円

お願い　ページわりの関係からここでは一部の既刊本しか掲載してありません。
折り込みの出版案内もご参考にご覧ください。

※上記は本体価格です。（消費税が別途加算されます）
※書名コード（ISBN）は、書店へのご注文にご利用ください。書店にない場合、電話または Fax（書名・冊数・氏名・住所・電話番号を明記）でもご注文いただけます（代金引替宅急便）。商品到着時に定価＋手数料をお支払いください。
〔直販係　電話03-3203-5121　Fax03-3207-0982〕
※青春出版社のホームページでも、オンラインで書籍をお買い求めいただけます。ぜひご利用ください。〔http://www.seishun.co.jp/〕